JN410356

박배가 머물렀던 자리

박영민 산문집 /

도서출판 경남

밤배가 머물렀던 자리

박영민 산문집

1쇄 펴낸날 | 2015년 6월 18일

지은이 | 박 영 민
펴낸이 | 오 하 룡

펴낸곳 | 도서출판 경남
주 소 | 창원시 마산합포구 몽고정길 2-1
연락처 | (055) 245-8818~9
전자메일 | gnbook@empas.com
출판등록 | 제567-1호(1985. 5. 6.)
편집팀 | 오태민 심경애 구도희

ISBN 978-89-7675-986-3-03810
〔값 13,000원〕

책을 펴내며

늦은 오후 플랫폼에 서서

대개의 사람들이 젊은 시절에는 장래를 내다보며 미래를 꿈꾸었다면 나이가 들면서는 미래보다는 과거를 회상하는 시간이 많아진다고 합니다. 저 역시 젊었을 때에는 제 앞가림하기에 바쁜 탓이었는지 주위에서 퇴직하시는 분들을 보면서 남의 일로만 여겨왔습니다. 그랬던 것이 엊그제 같은데 어느덧 정년을 맞게 되었습니다. 문득 이렇게 살다보면 어느 날 죽음조차도 늘 보아왔던 주변의 일이 아니라 제 자신의 일로 다가오지 않을까 하는 생각을 가지게 되면서 주위를 다시 돌아보게 됩니다.

살아오는 동안 하루하루 이루 헤아릴 수 없을 만큼의 많은 일들이 우리 주변에서 일어났던 것 같습니다. 그 일들은 저와 깊이 관련된 것도 있었을 것이고 대개는 잠시 관심을 가지거나 또는 무심하게 지나간 일들도 많았을 것입니다. 그렇지만 그렇게 나를 흔들거나 또는 스치며 지나간 일들이 오늘의 나를 만들었다고 생각하니 살면서 겪어야 하는 숱한 일을 마주할 때마다 어떻게 처신했는지 궁금해지면서 한편으로는 조심해서 살아야 하겠다는 생각도 가지게 됩니다.

어려서부터 글을 읽고 쓰는 것을 좋아했습니다. 책 욕심이 많아서 부모님을 성가시게 했던 기억이 납니다. 초등학교 때 끼니조차 걱정해야 할 정도로 어려웠던 형편에도 《파브르의 곤충기》를 읽고자 부모님께 떼를 썼던 기억이 납니다. 되돌아보면 아마도 당시 자연교과서에 그 책 내용이 일부 소개되었는데 곤충들의 세계가 궁금한 나머지 계속 읽고 싶었던 것이 아니었을까 여겨집니다. 그 당시에는 주변에 읽을 만한 책이 거의 없었기 때문이기도 할 것입니다.

그리고 학창시절 글쓰기 대회에 나가서 상을 받기도 했습니다. 아마 어릴 때부터 책을 좋아해서 어디서든지 책이라면 가리지 않고 읽었으며 글쓰기를 즐겨했던 것이 그러한 결과를 가져온 것이 아닌가 생각합니다. 이런 습관은 나이가 들면서도 이어졌던 것 같습니다. 성인이 되어서도 근처 대학교의 평생교육원에 등록하여 문학수업을 받기도 했고 문학동아리에 가입하여 글을 쓰기도 했습니다. 처음에는 시인을 꿈꾸었으나 짧은 한 편의 시 속에 자신의 생각을 드러내는 일에 부족함을 느끼고 나서부터는 산문 쪽을 기웃거리게 되었습니다. 중국 시인 백거이는 사람의 마음을 감화시키는 것으로는 시만한 것이 없다고 했는데 제 능력의 부족이 아쉽

기만 합니다.

이제 오랫동안 몸담았던 교육계를 떠나고자 합니다. 떠난다는 생각을 하니 섭섭한 마음은 어쩔 수 없는 것인가 봅니다. 그렇지만 그동안 나름대로 주어진 업무에 충실하였고 또 새로운 젊은이들이 빈자리를 채울 것이기 때문에 미련없이 홀가분한 마음으로 떠날 수 있을 것 같습니다.

한곳에 오래 머물지 못하고 쉽게 싫증을 느끼며 자유롭게 떠도는 성격이었는데 이렇게 한 분야에서 30년이 훌쩍 넘는 기간 동안 지냈던 것도 스스로 대견하게 느껴집니다. 그리고 대가 없이 마무리될 수 있었던 것도 참으로 감사한 일입니다. 이것은 단지 저 혼자의 능력이나 결과였기보다는 주위의 모든 분들이 도움을 주셨기 때문에 가능했을 것입니다. 사실 직장에서 혼자서 할 수 있는 일이란 생각보다 그렇게 많지 않기 때문입니다.

이렇듯 오랫동안 근무하면서 나름대로 쓰고 모아온 글들을 한 권의 책에 담아봅니다. 글이란 항상 자신을 드러내는 것이라는 생각을 가지고 있었기 때문에 부끄럽기가 그지없습니다. 그러나 부끄러움에 앞서 뭔가 뜻있는 일을 하고 싶었던 마음이 더 컸던 것을 고백합니다. 이렇게 함으로써 지나온 날들이 결코 헛되지 않았다는 변명과 또 다른 출발을 알리고 싶었기 때문입니다. 그렇더라도 부끄러움은 어찌할 수가 없습니다. 많이 서툴고 부족하리라 생각합니다. 앞으로 살아가면서 부족하고 연약한 부분들을 채워가겠습니다. 정신이 온전히 살아 있는 동안 글은 계속 쓰고 싶은 소망을 가지고 있기 때문입니다.

여기에 있는 글 중에는 그동안 문학잡지나 동인지 등에 발표가 된 것도 있고 책상서랍에서 잠자고 있던 글들도 있습니다. 수록된 글을 읽으면서 짧은 제 생각도 대강은 알게 되리라 생각합니다. 소설이나 수필 등을 막론하고 제 글은 힘이 없거나 어려운 자들의 편에 서 있습니다. 우리는 그들을 가리켜 사회적 약자라고 말합니다. 저의 안목은 늘 그들을 향하고 있습니다. 그들 곁에 서서 그들 인생의 이야기를 그들과 더불어 나누고 싶었기 때문입니다. 따지고 보면 우리는 같은 세상을 살아가지만 우리 가운데 있는 또 다른 세상을 만나기를 두려워하고 있는지도 모릅니다. 먹을 것이 없어 주린 배를 움켜쥐고 밤을 지새는 자의 마음을 제대로 굶어보지 못한 자가 어떻게 공감할 수 있겠습니까?

철이 들면서 다짐한 것은 내 삶이 남에게 부끄럽지 않도록 사는 것이었습니다. 그렇지만 지금에 와서 돌아보면 후회가 되는 일들이 많습니다. 왜 그때 그렇게밖에 행동하지 못했는지 부끄러울 때가 많이 있습니다. 《논어》의 〈위정爲政〉 편에 보면 나이가 60이면 '이순耳順' 이라고 합니다. 천지만물의 이치에 통달하고 듣는 대로 모두 이해할 수 있게 된다는 것이지요. 그 말에 힘입어 앞으로는 조금 더 여유를 가지고 마음이 넉넉한 사람으로 살았으면 좋겠습니다.

그리고 또 한 가지 밝혀야 할 것이 있습니다. 지금까지 이렇게 큰 어려움없이 지내왔던 것 중의 하나는 아내의 내조가 컸다는 사실입니다. 가진 것 없이 단칸방에서부터 신혼살림을 시작하고 오늘 여기까지 평탄하게 이어온 것은 아내의 헌신적인 사랑과 내조가 없었다면 이루어질 수 없는 것이기 때문입니다. 가난한 청년의 이야기에 귀기울여주고 돈도 없이 호기를 부린 것들을 기꺼이 받아주었으며 이 나이까지 함께한 것이 자신의 숙명처럼 남편과 가족의 안녕을 염원해 온 아내의 간절함이 없었다면 어디 가능한 일이었겠습니까? 이제는 몸이 예전같지 않아서인지 아침저녁 수시로 어깨나 다리를 주무르고 있는 아내를 바라보노라면 괜히 콧등이 찡해지기도 합니다. 객지 근무로 인해 신혼 초부터 남편도 없는 시집살이를 시켰던 것도 지금 생각하면 그저 미안하고 고마울 따름이지요.

이제 그동안의 삶의 무대를 떠나 또 다른 삶을 찾아 떠나는 길에 서 있습니다. 인생의 어려운 고비를 겪을 때마다 갈 길을 인도하신 예수님이 남은 인생 여정도 함께해 주실 것을 믿습니다.

사랑하는 가족과 동료들, 그리고 저를 기억하는 분들의 염원을 안고 저는 늦은 오후의 구내 플랫폼에 서서 다가올 열차를 기다리고 있습니다. 멀리서 기적 소리가 들려오는 듯합니다.

감사합니다.

2015. 6.

학생들이 떠난 운동장을 바라보며

박 영 민

차례

책을 펴내며

단편소설 모음

밤배가 머물렀던 자리

수필 모음

비상을 꿈꾸며

독후감 모음

절망에 기대니 마음이 편하다

밤배가 머물렀던 자리

흔 적

I

무슨 소리인지 알 수 없는 가느다란 신음소리에 눈을 떴다. 어디서 난 소리였을까? 차가운 한기가 몸을 엄습한다. 어두컴컴한 실내에 가느다란 달빛이 창틈에서 새어나와 방바닥을 비추고 있다. 그 빛은 어둠을 밝히는 빛이라기보다는 다만 주위의 어둠을 강조하는데 지나지 않는 희미한 빛이다.

무슨 소리였을까? 천천히 몸을 일으켜 방을 둘러본다. 희미한 실루엣 속에 빈 소주병이 몇 개 널려 있고 마시다 만 소주잔이 보인다. 밤새 악몽을 꾼 것일까 머리가 무거워 온다. 자신도 모르게 내뱉는 신음소리가 가끔 입가에서 새어 나온다. 그 소리는 자신에게도 노인네의 가쁜 숨소리를 듣는 일처럼 힘들어서 입을 굳게 다문다.

몇 시쯤 되었을까? 그는 달빛을 따라가듯 창으로 눈을 돌린다. 닫힌 창문 틈 사이로 모래시계에서 모래가 빠져나오듯 달빛이 술술 빠져나온다고 생각한다. 얼마나 빠져나오고 나면 달빛은 그 빛을 다 쏟아버려서 모래시계마냥 다시 되돌려 놓아야 하는지 한참을 생각하다가 자리에서 일어나 불을 켰다.

방안이 환하니 밝아왔다. 순간 약간의 어지러움을 느끼고 벽에 손을 기대어 잠시 서 있었다. 그리고는 비틀거리듯이 문을 열고 나가 마주보고 있는 딸애의 방 앞에 선다. 천천히 문을 연다. 의도하지는 않았지만 아주 천천히 소리가 나지 않게 문을 열었다. 그러나 그 방에는 아무도 없다. 그는 그 사실을 알고 있었다. 금방 켜놓은 불빛으로 인해 방안의 물체들이 자신의 모습을 드러내고 있다.

그는 눈으로 쭉 훑어본다. 이불장은 한쪽 문이 조금 열려 있고 책상 위는 깨끗하게 정돈되어 있다. 한편에는 컴퓨터 모니터가 까만 화면을 드러내고 있다. 컴퓨터는 딸아이가 고등학교에 들어가고 나서 입학 기념으로 산 것이었다. 그는 컴퓨터 매장으로 가서 마음에 드는 것으로 골라보도록 했으나 딸애는 인터넷으로 구입하면 싸게 살 수 있다며 몇몇 사이트를 기웃거린 덕에 비교적 싸게 살 수 있었다. 그는 방 한쪽의 작은 탁자 위에 올려 있는 사진에 가서 시선을 고정시킨다. 사진은 여학생이 교복을 입고 살며시 미소를 짓고 있는 상반신만 나온 사진이다. 김, 가, 혜… 그는 한참을 쳐다보다가 천천히 딸아이의 이름을 불러보았다. 그리고는 맥없이 그 자리에 주저앉아 버렸다.

Ⅱ

"가혜 학생 아버지 되시나요, 지금 가혜 학생이 교통사고를 당해서 병원에 실려와 있습니다. 학생 수첩에서 집 전화번호를 찾아 연락했으나 연락이 닿지 않아 학교를 통해 직장으로 연락한다고 이렇게 늦었습니다. 바로 병원으로 와 주시기 바랍니다."

가혜의 교통사고 소식을 경찰로부터 처음 들었던 것은 아침 회사에 출근해서 매주 수요일마다 한 번씩 열리는 부서별 회의에 막 참석하기 위해 자리에서 일어나려던 시각이었다. 갑자기 전화를 받고 그리고 가혜가 사고를 당했다는 소식에 어떻게 해야 할지 수화기를 잡고 잠시 머뭇거리다가 옆의 직원에게 회의 대리 참석을 부탁하고 바로 병원으로 향했다.

교통사고라니, 가혜가 교통사고라니… 어쩌다가 다쳤을까, 얼마나 다쳤을까 하는 생각에 이르자 그는 비록 전화였지만 상태까지 상세하게 물어보지 못한 자신을 탓했다. 그리고 불현듯 오늘 아침 교복 위로 겨울 코트를 입은 가혜 뒷모습을 보면서 어느새 키가 훌쩍 커 버린 것 같아서 올겨울이 가기 전에 새 코트를 하나 사 줘야겠다고 생각했던 일이 떠올랐다.

교통신호는 왜 이리 늦게 바뀐담. 그는 몇 번을 비상등을 넣고 신호를 무시하며 달려볼까 생각했으나 그만두었다. 그러다가 급한 마음에 사고라도 나지 않을까 염려가 되었고 경찰이 정지를 시켰을 때 오히려 더 번잡해 질 것 같은 생각 때문이었다. 20여 분을 달려 병원에 도착한 그는 서둘러 응급실로 달려갔다.

"한 시간 전에 이리로 옮겼습니다. 현장에서 바로 사망한 것 같습니다."

사망자의 얼굴을 확인하는 절차를 끝낸 젊은 의사는 안치실에서 가혜의 얼굴을 무명천으로 덮으면서 말했다. 그는 벌써 몇 번을 흰 천을 걷어내고 딸애의 얼굴을 쳐다보았다. 딸애가 틀림없었지만 이 현실을 믿을 수 없었다.

옆에서 그의 모습을 무덤덤하게 지켜보던 경찰이 이른 아침 등굣길에 아파트 단지 앞 횡단보도를 건너다가 과속으로 달리던 승합차에 치었다고 말했다. 그리고는 그의 눈치를 힐긋 보더니 조금 이른 시간이라 통행하는 사람들도 드물었고 친구와 이야기를 하며 건너느라 달려오는 차를 미처 피하지 못했던 것 같다며 중학생 둘 중 하나는 중태라고 했다.

승합차 운전사는 그대로 뺑소니를 치다가 뒤따르던 승용차 운전자가 경찰에 신고함으로써 바로 붙들렸고 현재 경찰서에서 조서를 받고 있는데 음주운전혐의까지 있다고 묻지 않은 말까지 상세하게 일러주었다.

Ⅲ

가혜의 사고 소식을 그녀에게 연락하기까지는 많은 생각들을 했었다. 부모의 일들로 인해 자녀에게까지 피해가 가는 것은 그들 부부 둘 다 반대였다. 그래서 그들은 떨어져 지내기로 한동안도 가혜에게는 여전히 똑같은 관심을 보이고 맡은 역할을 그대로 계속 하기로 했었다. 그러나 헤어져 지낸 지 1년이 지나가도록 그녀에게서는 변변한 연락 한 번 없었으며 가혜와는 간혹 통화를 한다는 말을 들었었다.

"장모님, 가혜 애빕니다. 애 엄마와 통화를 한번 했으면 합니다만…"

그녀는 그곳에 없었다. 장모는 사위에 대한 섭섭한 감정을 드러내며 집과 연락이 끊긴 지 벌써 1년이 다 되어 간다고 했다. 그는 아내에 대해 심한 배신감을 느꼈다.

당초 문제는 그에게 있었다. 그녀의 동의도 없이 학교 동창에게 빚보증을 잘못 섰다가 그는 많은 것을 잃었다. 친구를 잃었고 살고 있던 주택을 처분하고 작은 아파트로 옮겨야 했으며 지금까지도 변제는 계속되고 있었다. 그 모든 것이 그의 잘못이었으므로 그는 늘 그녀에게 미안해했으며 그녀에게 진심으로 용서를 구했고 빠른 수습을 위해서 노력했다. 하지만 그녀로서는 쉽게 용서가 되지 않았던 모양인지 늘 그에게 불만을 쏟아 놓았고 급기야 가출까지

하기에 이르렀다.

"아직까지 난 당신을 이해할 수가 없어요, 아니 용서할 수가 없어요. 우리 서로를 더 생각해 보는 시간을 가졌으면 해요."

그녀가 이렇게 말할 때에도 그는 달리 할 말이 없었다. 다만 무언의 승낙처럼 가만히 있었을 뿐이다. 그녀는 그 다음날로 생각이 정리되면 돌아오겠다는 쪽지 한 장만을 남기고 집을 떠났다. 그는 단지 친정에 가 있으려니 그리고 며칠 지나서 돌아오려니 그렇게 생각했을 뿐 다른 생각은 없었다. 그런데 그녀는 친정에도 없다지 않는가, 벌써 1년이 지난 세월을 그녀는 어디에 있었으며 딸애와는 무슨 이야기들을 나누었는지 그로서는 궁금할 따름이었다. 마치 자기 외의 모든 사람들이 다 아는 사실을 혼자만 모르는 것 같은 생각이 들었다. 그러고 보니 근래 딸애가 했던 말들이 하나하나 떠오른다.

"아빠, 엄마가 어디에 있는지 알아?"

"글쎄다. 외갓집에 가 있겠지."

"엄마 보고 싶지 않아? 난 엄마가 정말 보고 싶은데…."

"그래, 아빠도 보고 싶단다. 때가 되면 돌아오겠지."

"아빠, 엄마에게 전화 한번 해 보지. 어떻게 지내시는지…."

"그래, 언제 한번 해보마."

그를 사랑할 수 없었다고 하더라도 가혜를 사랑한다면 그녀는 돌아올 것으로 믿고 있었다. 그리고 그 생각에는 추호의 의심도 없었다. 전화를 하는 그 순간까지도, 그랬는데… 그랬는데… 그는 눈시울이 뜨거워졌다. 어디서부터 일이 잘못되기 시작했을까? 왜 하필 나에게 이런 일이 일어난 걸까? 정말 난 열심히 살려고 애썼는데…

Ⅳ

"수고 많습니다. 서랍을 좀 정리할 일이 있어서…."

특별휴가가 끝나기 전날 밤 그는 늦은 시간에 회사에 나갔다. 경비원이 그를 알아보고 거수경례를 붙이며 늦은 시간에 무슨 일인지 물었다. 경비원은 뭘 도와줄게 없겠는지, 비닐 가방이 필요한지 등 평소답지 않게 친절하게 굴었지만 그가 아무것도 필요 없다고 하자 수고하시라면서 사무실을 나갔다.

책상 서랍을 열어 개인용품을 하나하나 정리했다. 10년을 넘게 근무했던 직장이었지만 개인적인 서류와 명함, 다이어리를 챙기고 필요 없는 서류들을 모아 파쇄기에 넣고 나니 금방 정리가 되었다. 그는 그대로 잠시 앉아 정수기에서 가져온 물을 한 모금 들이켰다. 온갖 상념들이 머리를 스쳤다. 그는 미리 준비해간 사직서를 책상 위에 올려놓고는 자리에서 일어섰다.

문을 열고 나서려다가 그는 문득 개인 컴퓨터 파일을 정리해야겠다고 생각하고는 자리에 앉아 컴퓨터를 켰다. 잠시 동안의 기계음이 들리고 나서 패스워드를 입력하자 화면이 열렸다. 메일이 왔다는 신호가 들어와 있었다.

누굴까? 그는 천천히 메일을 찾아 들어갔다. '사랑하는 아빠에게…' 아니, 이게 누구야. 가혜 아니야, 가혜. 가혜… 그가 메일 제목을 클릭하자 내용이 화면에 나타났다.

사랑하는 아빠, 아빠의 착한 딸 가혜예요. 평소에 자주 메일을 보내드리지 못해 죄송해요. 전에는 직접 말하기 어려운 것은 메일로 보내기도 했는데 지금은 그렇지 않아 섭섭하시죠. 오늘 저녁엔 아빠가 더 보고 싶은데 아직 오시지를 않네요. 밤 10시가 넘었는데… 아빠, 술 많이 드시지 마세요. 꼭 드셔야 할 때 아주 조금씩만 드세요. 그리구 아빠, 드릴 말씀이 있어요. 이 말은 이렇게 메일로 드리는 게 좋을 것 같아서 메일로 보내기로 했어요. 실은 엄마 얘기예요. 궁금하시죠. 엄마는 아빠를 도와드리겠다고 한 1년 전부터 할머니 집에서 나와 P시에 있는 음악학원에 강사로 다니셨는데 계약기간이 곧 끝나나 봐요. 이제 엄마도 어느 정도 마음이 정리가 된 것 같아 아빠랑 만나시겠다고 해요. 아빠, 놀랐죠. 엄마로부터 그 말을 들었을 때 전 정말 엄마가 존경스러웠어요. 제 기분 이해하시겠죠. 아빤 아직까지 엄마가 그대로 할머니 집에 계시는 줄로만 알고 계시잖아요. 아빠를 깜짝 놀라게 해 주려고 엄마랑 아빠랑 같이 이번 주말에 시내에서 만나기로 했어요. 메일 보시고 저한테 말씀해 주세요. 그럼 엄마께 연락 드릴게요. 다시 엄마와 함께 살게 되어 얼마나 기쁜지 몰라요. 아빠, 읽으시고 연락주세요.

딸 가혜 드림.

그는 오랫동안 화면을 응시했다. 얼마나 시간이 흘렀을까 밝은 실내의 형광등 불빛 아래였지만 갑자기 화면이 뿌옇게 흐려졌다. 닫혀진 창문 사이로 멀리서 구급차의 사이렌 소리가 정적을 깨듯이 길게 울렸다.

혼자 하는 인사

어렴풋이 정신을 차리고 눈을 떴을 때 은통 어둠뿐인 밤바다에는 제법 많은 비가 내리고 있었고 시커먼 바닷물이 깨진 전면 차창 앞에서 일렁거리고 있었다. 그 바닷물은 금방이라도 차를 덮칠 것 같아 그는 정신이 번쩍 들었다. 그는 비스듬히 앞으로 기울어 있는 차 속에 홀로 갇혀 있었고 바닷물이 차를 반쯤 집어삼키고 있었다. 순간 여기저기 통증이 엄습해오고 그는 심한 두려움에 휩싸여 방금 전의 일을 떠올렸다.

회사 출장 건으로 이틀 전 이곳 남해에 도착하였고 오늘 저녁 식사자리를 끝으로 모든 업무를 끝내고 집으로 돌아가던 길이었다. 아침부터 조금씩 내리던 비는 오후가 되자 한때 개이기도 했으나 여전히 그치지 않고 추적추적 내리는 길에서 그는 집으로 돌아가면서 속력을 좀 냈었는가 보았다. 남해 시가지를 벗어나 해안으로 이어진 길을 따라가다가 산허리를 돌아 고개를 내려오면서 어둠 속에서 갑자기 나타난 좌회전 길에서 브레이크를 힘껏 밟으며 순간적으로 핸들을 왼쪽으로 감았으나 바퀴는 핸들과는 별도로 그대로 빗길에 미끄러지면서 가드레일을 부수고는 절벽 아래 바다로 추락했던 모양이었다. 그는 안전벨트를 착용하고 있었는데 차가 절벽 아래로 떨어지면서 바위와 부딪혀 차량 앞부분이 심하게 뒤로 밀리는 바람에 부서진 핸들과 의자 사이에 끼어 있는 셈이어서 꼼짝을 할 수 없었다.

그는 우선 어둠 속에서 자신이 얼마나 다쳤는지를 살펴보았다. 다리 쪽은 아예 감각이 없었고 가슴을 심하게 다쳤는지 통증이 일었다. 절벽을 구르면서 목이 꺾였는지 고개를 제대로 움직일 수가 없었으며 조금이라도 움직일 수 있는 것은 왼손밖에 없었다. 오른손은 절벽을 떨어지면서 왼손과 마찬가지로 핸들을 꼭 붙들고 있었던 것 같은데 어떻게 된 셈인지 튕겨져 나온 콘솔박스와 운전석 옆 의자 사이에 끼어 있어 손을 빼내려고 갖은 애를 썼지만 꿈쩍도 하지 않았다.

무엇인가 계속 얼굴을 타고 내리는 것이 있어 왼손을 갖다 대어서 감촉을 느껴보았다. 칠흑같이 어두운 밤이어서 그것이 무엇인지는 정확히 확인할 수 없었다. 그는 상처를 따라 손가락을 움직였다. 머리 정수리 쪽이 많이 솟아 있었고 이마 위에서는 계속 끈적한 피 같은 것이 흘러내렸다. 그는 빨리 여기를 빠져나가야 되겠다는 생각뿐이었다.

그 시간 내가 탄 차가 추락하는 것을 지나가는 누군가 보지 않았을까? 뒤따라오는 차들은 없었지만 앞서가는 차가 있었던 것 같기도 하고 마주보고 오던 차는 없었을까? 아니면 굴러 떨어지는 소리를 누군가 듣지는 않았을까? 그는 낭떠러지가 얼마나 되는지 절벽 위를 올려보려고 했으나 고개를 움직일 수 없었다.

사고가 난 시간은 몇 시나 되었을까? 간담회 겸 늦은 저녁을 먹고 자리에서 일어날 때가 거의 9시가 다 되었던 기억이 나고 차를 타고 한 30분 정도 달렸으니까 9시 30분은 되었을 거야. 지금 시간은 얼마나 흘렀을까? 그는 시간을 알려고 했으나 차량의 전원은 이미 꺼져 있었고 평소 시계를 가지고 다니지 않았기 때문에 두리번거리며 휴대폰을 찾았다.

휴대폰은 차에 오르기 전에 양복저고리에 넣고서 그 양복을 벗어 뒷좌석에 놓아두었던 생각을 하면서 왼손을 돌려 뒷좌석을 더듬었으나 손에 잡히는 것은 아무것도 없었다. 그는 몇 번을 더 손을 뒤로 내밀어 여기저기를 짚어 나갔으나 양복은 잡을 수 없었다. 이대로 죽는 것은 아닐까. 그는 문득 죽음을 생각했다. 이때까지는 남의 일로 생각했던 죽음이 자신에게 일어났다는 생각이 미치자 그는 두려움에 온몸이 떨려왔다.

"비가 제법 내리는데 내일 올라가시지요."

식당에서 저녁식사 후 주차장으로 걸어 나오면서 인사를 나누자 자신을 남해 토박이라고 소개한 영업소 직원은 그렇게 말했었다.

"남해는 빗길이 미끄러워서 조심해서 운전해야 될 겁니다. 며칠간 여기 일로 피곤하실 텐데 웬만하면 내일 아침에 올라가시죠."

그는 웃으며 말했다.

"고맙습니다만 더는 폐를 끼치게 하고 싶지 않네요. 고속도로만 올리면 부산까지는 그렇게 오래 걸리지 않을 것 같습니다."

순간적으로 자고 올 걸 하고 후회를 했으나 쓸데없는 생각이었다. 주위는 파도소리뿐이었다. 간간이 절벽 위쪽으로 차들이 지나가는 소리가 희미하게 들렸는데 그 소리는 이 지상이 아닌 먼 천상에서 나는 소리와 같다는 생각이 들었다. 저 도로까지만 갈 수 있다면….

조금 전부터 시작된 가슴팍 통증을 의식하고 있던 그는 고개를 숙여 가슴을 쳐다보고자 했으나 목을 다쳐 그런지 고개를 앞으로 숙이기 어려웠고 손으로 더듬어보니 내의가 찢어진 사이로 옷이 상당히 젖어 있었다.

주위는 짙은 어두움으로 아무것도 보이지 않았다. 더구나 이제는 가슴께까지 물이 차올라 그는 내려다보려던 것을 포기해야만 했다. 한쪽 손으로 옆구리 주변을 훑어가면서 움칠 놀랐다. 차체와 자신의 몸이 어떻게 되어 있는지 가늠하기조차 어려웠다.

내 다리는 어떻게 되었을까? 그는 자꾸만 정신이 아득해지려는 것을 이를 악물고 견디고 있었다. 지금 정신을 잃는다면 난 영락없이 죽고 말거야. 누가 뭐래도 난 죽을 수 없어. 나에겐 아직 해야 할 일이 너무나 많이 남아 있어.

그는 이럴 때일수록 마음을 독하게 먹어야 된다고 생각하고는 유리조각이 다 떨어져나간 승용차 왼쪽 문을 열려고 손잡이를 잡아 밀어보았다. 그러나 앞에서 뒤로 눌려져 찌그러진 문짝은 꿈쩍도 하지 않았다. 그는 손으로 몇 번이나 문을 있는 힘껏 흔들어 보았다. 안돼, 난 나가야 돼, 아직은 할 일이 많단 말이야. 그는 몇 번 고함을 질러보았지만 그 소리마저도 파도소리에 묻혀 금방 사라졌다. 그의 살아야 되겠다는 마음과는 반대로 몸은 점점 더 기운을 잃어가고 있었다. 바닷물로 인한 추위와 아픔 가운데 정신 또한 파도처럼 밀려갔다가 밀려오곤 했다.

어느 순간 비릿한 냄새가 바람을 타고 날아왔다.

그는 참으로 오랜만에 맡아보는 냄새라고 생각했다. 어린 시절 고향을 떠나오고 나서는 맡을 수 없었던 냄새, 마을에서 그리 멀지 않았던 바닷가에 학교를 파한 오후 친구들과 나가보면 해변 여기저기 흩어진 해산물들. 다시마, 미역의 말라비틀어진 가는 줄기들과 이름 모를 잔잔한 생선들이 바닷가 이끼 낀 까만 바위틈 사이에서 말라가고, 생선을 담던 나무상자들이 낡아 부서져 여기 저기 버려져 있었으며 꽁초가 다 된 담배를 물고 그물을 펴서 보수작업을 하던 몇몇 어른들. 그리고 크고 작은 바구니들이 널려 있던 곳, 한때의 바람이 불 때마다 파도에 몸을 맡기고 있는 작은 어선들 사이에서 풍겨져 오던 그 비릿한 냄새가 지금 그의 코를 자극하고 있었다.

그 바닷가는 그의 유년시절 모든 기억들을 간직하고 있을 것이었다. 물이 빠진 날이면 게나 갯고둥 잡는 재미에 시간 가는 줄 모르고 놀던 일들과 여름철이면 또래 여학생들에게 자랑이라도 하듯 날렵하게 수영을 하고 때로는 잠수를 하여 이쁜 소라나 조개껍데기를 찾아내 그녀들의 손 위에 올려주고는 했다.

바지를 벗고 팬티 차림으로 수영을 하던 날은 후줄근하게 옷이 몸에 달라붙는 바람에 여학생이 볼까봐 뭍에는 오르지도 못하고 바닷물에서만 뱅뱅 돌던 기억과 집으로 돌아가기 전 바닷가 외딴 곳에서 바위에 팬티를 말리면서 서로의 얼굴을 바라보며 쪼그리고 있었던 추억들. 무척이나 갖고 싶었던 수경을 어쩌다가 써본 날은 세상을 다 가진 것처럼 기뻤었고 장래 희망을 물어보면 한결같이 씩씩한 해군이 되겠다고 말했던 시절. 바다는 어린 그의 놀이터이자 꿈의 보금자리였다.

어느 틈에 물은 목 위로 차올라 턱 아랫부분에 닿았다. 그는 고개를 조금 위로 들었다. 시시각각 물은 앉아 있는 자리 아래로부터 차오르고 있었다. 이대로 있다가는 곧 물이 차를 덮어버릴 것이었다. 어떻게 하던지 차를 빠져나가야 했으나 몸을 차체와 분리하기에는 혼자서는 역부족이었다. 만조로 인하여 바닷물이 차오르는지 아니면 차가 점점 더 바닷속으로 침몰해가고 있는 것인지도 모른 채 그는 체념하듯 눈을 지그시 감았다. 그러자 집에서 그를 기다리고 있을 아내가 떠올랐다.

그녀를 처음 만난 곳은 그가 군 제대 후 복학수속을 마치고 몇 달간 쉬고 있을 때 친구의 소개로 갔던 공단 근처의 야학이었다. 당시 야학에서는 공단 근로자 중 미 진학자를 대상으로 고입, 고졸 검정고시를 준비하는 반과 노인들을 위한 한글반을 운영하고 있었는데 그녀는 근로자들을 대상으로 음악, 미술 등의 예능과목을 맡고 있었다. 보통 저녁 7시부터 9시까지 두 시간 정도 수업이 있었는데 한 시간은 고입 자격시험을, 나머지 한 시간은 고졸 자격시험을 대비해서 수업을 하곤 했다. 중, 고 각각 두 반으로 한 반 인원이라야 10여 명으로 주로 여학생들이 많았는데 나이는 일정하지가 않았다.

야학은 당시 3년 전부터 운영되었다고 했는데 자원봉사 교사로 등록된 사람은 제법 되었으나 실제 야간에 나와서 수업을 맡고 있는 봉사자는 6~7명에 불과했고 그녀는 여기서 학교행정과 수업을 동시에 맡고 있었다. 그들은 열심히 공부하여 보란듯이 대학에 붙기도 했는데 합격자 발표가 나는 날이면 야학에서는 그들만의 축제가 벌어지곤 했다. 그는 권유에 못 이겨 그 뒤로 수학과목 일부를 맡기도 했는데 그러면서 그녀와 자연스럽게 사귀게 되었다.

어느 때부터인가는 수업을 마치고 집으로 돌아가면서 야학에서 조금 떨어진 곳에 있던 건물 2층 커피숍에서 같이 커피를 마시며 이런저런 얘기들을 나누곤 했다. 가게 이름은 벌써 잊었지만 세련된 실내 분위기가 마음에 들었고 무드 있는 음악이 그들의 마음을 끌기에 충분했다.

이후로 그 커피숍은 그들이 단골로 만나는 장소가 되었는데 중년을 넘긴 흰머리를 가지런히 뒤로 멋지게 빗어 넘긴 주인은 그들을 알아보고 그들이 오면 길이 바라보이는 창가 좋은 자리를 마련해 주기도 하고 비스킷을 따로 접시에 담아 주기도 했는데 그러면 그들은 그 비스킷을 커피에 찍어 먹고는 했다.

그는 대학을 졸업하고 취직을 위해서 자연스럽게 야학을 그만두었으나 그녀는 그 뒤 몇 년을 더 일했다. 집안에서 그녀가 야학에 나가는 것을 말렸고 그녀 역시 학생들의 수가 점차 줄어지자 후배에게 그 일을 물려주고는 손을 떼게 되었다. 그러나 그녀는 그 뒤에도 매달 한두 번씩 나가서 그들을 격려하고 작은 도움이나마 베푸는 것을 마다하지 않았다.

그녀는 그 뒤 평소에 그녀가 원하던 그림을 그렸는데 그녀의 집 창고를 개조하여 화실을 만들고 서양화에 몰두했는데 그녀는 그가 학교졸업 후에도 계속 미술공부를 했더라면 하고 아쉬움을 나타낼 때마다 씁쓸한 웃음을 흘리곤 했다.

그 뒤 그녀는 간혹 미술대회에 작품을 출품하기도 했다. 최근에는 그녀가 속한 단체에서 발표회를 하면서 그녀도 작품을 준비 중에 있었다. 지금은 아파트 한편에 화실을 만들고 그녀가 그림을 그리도록 하고 있었으나 집이 좁아 곧 단독주택으로 옮기기로 약속을 했었다. 그래서 그녀가 마음껏 그림을 그릴 수 있도록 돕고 싶었으나 그는 그 약속을 지키지 못할 것 같다는 생각이 들자 갑자기 목이 메었다.

바닷물이 목을 차고 올라 입술 근처에 이를 때까지 그는 손으로 핸들을 흔들기도 하고 끼어서 움직일 수 없는 팔을 빼내기 위해 온갖 노력을 했으나 몸이 조금도 움직이지 않자 더 이상은 어떻게 할 수 없다는 절망감에 휩싸였다.

물은 곧 얼굴을 덮고 말 것이다. 나는 언제쯤 사람들에게 발견될까? 이대로 밤새 깊은 바다로 떠내려가지는 않을까? 죽은 나의 모습을 보면서 사람들은 어떤 모습을 할까? 누군가는 젊은 사람이 안타깝다며 혀를 끌끌 차겠지. 그리고는 세월이 흐름에 따라 그들의 기억 속에서 영영 사라지고 말겠지.

아직 어린 남매 재영이와 아름이는 아버지의 죽음을 어떻게 받아들일까? 난 아직 그들의 울타리가 되어주어야 되는데… 어떡하나, 어떡하나, 시간이 없는데… 아내는 얼마나 슬퍼할까. 내 죽음을 전해 듣고는 실신을 해 버릴지도 몰라, 마음이 여린 그녀는 얼마나 많은 날들을 눈물 속에서 보낼까. 고향에 계신 부모님은 또 당신들보다 먼저 간 자식을 평생 마음에 담고 힘든 생활을 하시겠지.

'아버지, 이 못난 자식을 용서하세요. 정말 제가 할 수 있는 것이 아무것도 없네요. 그리고 사랑하는 당신, 재영아, 아름아. 미안해, 정말 미안해…'

물이 얼굴 위에까지 이르자 그는 최대한 고개를 젖혀 숨을 쉬고자 했다. 목이 아픈 따위는 이제 문제가 되지 않았다. 힘껏 고개를 뒤로 젖히는 순간 우두둑하며 뼈마디가 소리를 냈다. 그러나 그도 잠시 다시 물이 얼굴을 덮자 이젠 아무 생각이 나지 않았다. 오직 이 고통이 빨리 그쳐주었으면 하는 생각뿐이었다. 그는 더 이상 참지 못하고 입을 벌려 바닷물을 천천히 들이마셨다. 짭짤할 것 같은 바닷물이 오히려 밋밋했다.

완전히 잠겨버린 차 속에서 그의 왼쪽 손만이 물 밖으로 몇 번 작은 원을 그리다가 어느 순간 고개를 젓히듯 힘없이 풀썩 가라앉았다. 비는 그칠 듯하면서도 여전히 이어지고 있었고 파도 소리는 모든 것을 집어삼킬 듯 더해갔다.

하얀 새

퇴근을 한 시간 정도 남겨 놓았을 때 그녀는 전화 한 통을 받았다. 마침 사무실은 외근을 나간 사람들이 많은 탓에 남은 직원 몇몇이 둘러앉아 잡담을 나누거나 간혹 걸려오는 전화를 받는 외에는 조용했다. 그녀는 마침 이틀 앞으로 다가온 산업디자인 전시회에 예선을 통과한 출품작을 전시해야 했으므로 마지막 손질에 여념이 없었다. 옆자리의 입사한 지 얼마 지나지 않는 여직원이 건네주는 수화기를 들었을 때까지도 그녀는 출품작에 대한 인사말을 마무리하는데 정신이 팔려 있었다.

"네, 전화 바꿨습니다. 최혜원입니다."

수화기 저쪽에서는 잠시 아무런 소리가 없었다. 그녀는 다시 한 번 "여보세요"하고 또렷한 소리로 말했다.

"여보세요, 안녕하십니까?"

톤이 낮은 남자 목소리가 들렸다. 그녀는 순간 누군지 생각했으나 잘 알 수 없었다.

"누구신지…."

그러면서 그녀는 다시한번 곰곰이 생각해 보았으나 전혀 기억을 떠올릴 수 없었다.

"아시겠습니까? 저 이철민입니다."

"아…."

그녀는 순간적으로 짧은 신음을 토했다. 지금까지 늘 머리에서 떠나지 않던 사람. 어디에서 무엇을 하는지 알 수 없었지만 살아 있는 동안 한 번만이라도 만나 보았으면 하고 바랐던 사람. 젊은 날 나의 마음과 사랑을 송두리째 앗아갔던 사람, 그 사람이라니….

그녀는 한순간 시간이 정지된 것 같은 느낌이 들었다. 10여 년 전 몹시도 추웠던 어느 겨울날 밤. 마지막 군 휴가를 마치고 돌아가면서 그 이후로 지금까지 만나보지 못했던 사람. 그는 이때까지 어떻게 살아왔을까?

"여보세요, 혜원 씨."

그녀를 부르는 그의 목소리는 분명 떨리고 있었다. 그 순간 그녀는 정말 엉뚱하게도 집에 있는 남편과 두 딸의 얼굴이 뇌리를 스치고 지나갔다. 그녀는 눈을 지그시 감았다.

"말씀하세요, 혜원이예요."

그는 휴가 마지막 날을 부산에서 그녀와 같이 보내고는 늦은 시간 열차를 타고 전방으로 떠났다. 그녀의 눈앞에서 군복을 입은 그의 모습은 믿음직했고 사랑스러웠다.

그의 마지막 휴가를 같이 지내면서 우리는 부산에 있는 동안 뭘 했을까? 태종대에 갔었구나. 일주도로를 걸으면서 그는 내 손을 꼭 잡았었지, 내 손이 시린 것을 알고는 자기 외투 호주머니에 내 손을 잡아넣었었지. 그는 손가락을 넓게 펴서 깍지를 끼었을 거야. 그리고는 힘을 지그시 주는 바람에 내가 아프다고 하자 미안한 표정으로 말했을 거야. 미안해, 그냥 오랜만이라 꼭 잡고 싶었었는데 아팠구나. 겨울 어스름의 바다를 바라보며 우리는 무슨 생각들을 했을까? 어디로 가는지 모를 화물선 두어 척이 그때 그 바다에 외로이 떠 있었을까? 해가 지면서 구름 사이로 빨간 노을이 점점 진하게 번져가고 파도 소리는 왜 그렇게 요란했을까? 겨울나무들은 매서운 바람에 이파리들을 잃고서 쉬지 않고 잉잉대고 있었을 거야. 우리가 서 있는 그 자리에도 찬바람은 불었을 테고 난 그이로 인하여 추위 따위는 조금도 느끼지 않았을 거야.

"혜원 씨, 오랜만입니다. 못 본 지 10년이 훨씬 넘었습니다. 그동안 잘 지냈겠지요. 우리 만날 때 그때… 제 친구 하나 있었죠. 현우라고, 그 녀석 덕분에 연락처를 알게 됐습니다. 한번 만날 수 있을까요?"

현우, 그는 그의 둘도 없는 친구였다. 우리는 때로 학교 축제 같은 곳에서 만나 장래에 대해 얘기하기도 하고 맥주잔을 부딪치며 지금 생각하면 별 의미없는 개똥철학을 진지하게 토론하기도 했는데 그는 항상 우리들의 이야기 중심에 서 있었다. 늘 유머가 흘러 넘쳤고 주변에 많은 친구들을 두고 있었다. 그와 달리 철민은 남의 얘기를 주로 듣는 쪽이었다. 조금은 내성적이고 부드러웠지만 모르는 사람에게는 차갑게 느껴졌다.

"오늘은 저 역시 어렵겠고 내일은 어떻습니까? 내일 오후 7시 내일동 G빌딩 스카이라운지에서 기다리겠습니다. 나오실 수 있겠습니까?"

그는 그때 어두워져가는 태종대 밤길을 뚜벅뚜벅 걸으며 말했었다. "혜원아, 너와 헤어져 있었던 많은 날 넌 항상 내 안에 있었어, 내 가슴께에 하얗게 만들어 놓은 새장 안에서 넌 그렇게 하얀 새로 살아가고 있었어. 나는 날마다 내 마음의 하얀 새와 말하곤 했지. 안녕, 하얀 새야, 오늘은 저 산 위로 한번 날아보렴, 저 산 어떤 꽃이 망울을 맺었으며 간밤 내린 비에 무슨 일들이 있었는지 나에게 전해주렴. 그러면 하얀 새는 알아들었다는 듯 고개를 끄떡거리고는 훨훨 날아가곤 했어. 때로 야간 초소에 나갔을 때 두려움과 외로움에 휩싸여 나는 하얀 새에게 말하곤 했어. 오늘따라 혜원이가 사무치게 보고 싶다고, 늦은 밤이지만 혜원이에게 날아가 잠든 그녀의 귀에 사랑한다는 말을 남겨주었으면 좋겠다고…." 그때 그렇게 말하고 있는 그의 눈은 허공을 바라보고 있었을 거야. 그녀는 그때 무슨 말을 했을까?

부산역에서 서울행 야간 군용열차 시간을 확인하고 그녀를 시외버스정류소에 데리고 가서 M시로 가는 버스표를 건네주며 그는 짧게 말했다. "잘 가, 너를 먼저 보내주어야 내가 마음이 편해, 편지할게, 이제 조금만 더 있으면 제대하게 될 거야. 그때 지금 못해

준 것 배로 더 잘해줄게." 그녀는 눈물이 흐를 것 같아 "그래, 잘 가. 근무 잘 하고…." 하면서 말끝을 흐렸었다. 그리고는 떠나는 버스 안에서 두어 번 눈물을 훔쳤다.

"… 말이 없군요. 그럼 내일 뵙도록 하겠습니다."

찰깍. 저쪽에서 전화가 끊어지는 소리가 들렸다. 그의 음성은 어디쯤에서 들려왔을까? 꿈속처럼 아득히 먼 곳은 아니었을까? 이 시간 그는 무엇을 하다가 전화를 걸었던 것일까? 그리고 전화를 하면서 무슨 생각들을 했으며 전화를 받은 그녀의 마음이 어떠했는지 헤아려 보기나 했을까? 그는 그녀가 말이 없음을 알고 서둘러 전화를 끊은 것은 아니었을까?

그녀는 천천히 전화를 놓고 자리에서 일어섰다.

나에게 지금 어떤 일이 지나갔을까? 어디서 누구로부터 전화가 걸려왔던 것일까? 하루 동안에도 얼마나 많은 일들이 나를 스치고 지나가는 것일까? 알지도 못하는 사람을 전화로 만나기도 하고 컴퓨터 메일 등으로 낯선 이들을 접하면서 며칠, 몇 달만 되어도 언제 그랬느냐는 듯 까마득히 잊어버리는 이 세상에서 십수 년이 지난 지금에야 나타난 사람은 누구일까? 그는 현재 존재하기는 하는 사람일까? 아니면 과거로부터 달려와 내 마음에 흔적만을 확인하고 영원히 사라져 버리는 사람은 아니었을까?

그녀의 머리에서 갖가지 생각들이 꼬리를 치며 일어났다. 생각이 생각을 낳고 그 생각은 또 다른 생각들을 낳는지 모를 일이었다. 사람들이 하룻밤에 기와집을 서너 채씩 짓는다는 게 이런 것이 아닐까? 애써 집을 지었다가는 마음에 들지 않아 부숴 버리고 또 다른 집을 지었다가는 그것도 역시 부숴 버리고… 그래서 남는 것은 무엇일까? 결국은 본래대로 돌아가는 것 그것이 아닐까? 그렇다면 나도 본래대로 돌아갈 수 있는 것일까? 전화를 받기 전의 본래 모습대로 돌아가는 게 가능한 일일까? 아니 과거 그러한 일이 있었던 것조차 까마득히 잊어버린다는 것이 가당키나 한 일인가? 그녀는 고개를 저었다.

갑자기 갈증이 일었다. 그녀는 복도 한쪽 끝에 설치된 정수기에서 찬물을 한잔 뽑아 들이켰다. 찬물은 마른 입안을 축이며 목젖을 타고 흘러내렸다.

"당신, 왜 안 자고 이렇게 나와 있어, 무슨 고민이 있는 거야?"

그녀는 퇴근 후 일찍 집에 돌아와 애들을 씻기고 저녁을 먹였다. 남편도 오늘따라 일찍 들어와 애들과 잠시 노는 것 같더니 이내 피곤하다며 자리에 들었다. 그녀가 애들을 재우고 식탁에 턱을 괴고 앉아 있을 때 언제 나왔는지 남편이 옆으로 다가오며 물었다.

"고민은 무슨… 전시회 생각하느라고…."

그녀는 엉겁결에 말했다. 그러면서 그녀는 '아닌데… 이게 아닌데…' 하며 속으로 생각했다.

"며칠 뒤에 한다는 그 산업전시회 때문에 걱정이 많은 모양이지. 당신이 워낙 꼼꼼하니까 걱정 안 해도 잘될 거야. 너무 신경 쓰지 마."

'아니야, 난 회사 일을 생각하고 있지 않아, 난 지금 산업전시회는 생각할 겨를이 없어, 난 지금 아무 생각도 할 수 없단 말이야.'

그녀의 남편은 T무역회사에 다니고 있었다. 다정다감한 성격은 아니었지만 두 아이의 존경받는 아빠로서, 그녀에게는 듬직한 남편으로서 가정적이고 온화한 사람이었다. 가끔 의견 충돌로 감정이 상해 있을 때 그는 요즘의 젊은 부부들처럼 장미꽃을 보낸다든지 휴대폰으로 사랑의 메시지를 보내는 대신 낮 시간 그녀를 회사 근처에서 불러내 점심을 사거나 차 한잔 같이 하는 것이 고작이었지만 그녀는 그런 그가 항상 든든하고 믿음직스러웠다.

"당신 왜 깼어요? 피곤할 텐데 먼저 주무세요. 나도 곧 잘 거예요."

그가 부대로 들어가고 나서 곧 새해를 맞았고 그 즈음 그녀는 부모로부터 결혼문제에 있어 독촉을 심하게 받고 있었다. 하지만 그녀는 완고한 부모에게 그의 얘기를 솔직히 털어놓을 수 없었다. 그러기에는 그녀는 비록 동갑이기는 했지만 나이나 직장 같은 것으로 인한 두려움도 많았고 그는 너무 멀리 떨어져 있었다.

중매가 오가고 몇 번의 만남이 지나갔을 때 그에게서 온 편지는 서랍에서 점점 불어났다. 그녀는 쉽사리 답장을 보낼 수 없었다. 혼자서 조바심을 냈다. 어떻게 해야 하는 것인지, 무엇이 옳은 것인지 그녀는 알 수 없었다. 다만 흐르는 세월에 자신을 맡기고 있을 따름이었다. 그것은 그녀에게 견디기 어려운 일이었다. 몇 번을 부모에게 얘기하려다가 말곤 했다. 두려움이 앞선 때문이었으나 그보다 자신의 확신이 서지 못한 어리석음도 끼어 있었다. 그것 때문에 그녀는 혼자서 벙어리처럼 냉가슴을 앓았고 뜨거운 열병을 앓기도 했다.

그가 제대를 할 때쯤 그녀는 결혼을 하였다. 결혼을 앞둔 며칠 전 그녀는 그동안 모았던 많은 편지들을 마당에서 남모르게 태워버렸다. 죽은 이의 소지품을 태우듯이 그녀는 천천히 한 장 한 장 남김없이 태워버렸다. 어느 편지 사이에선가 몇 장의 사진이 삐죽 모습을 드러냈을 때 그녀는 외면을 했다.

'그래, 이젠 모두가 끝난 거야. 난 한때의 아련했던 추억만을 가지는 거야. 이젠 내게 그에 대하여 말할 사람도 없고 생각나게 하는 것도 다 이렇게 연기가 되어 사라져 버린 거야. 누군가 내게 묻는다면 이렇게 말할 거야. 나는 그 사람을 사랑했지만 그 사람이 쳐놓은 울타리에는 들어갈 수 없었어. 그 울타리를 찾아가기엔 내 날개가 너무 작았고 또한 너무 멀리 떨어져 있었던 거야.'

그녀는 자리에 누워서도 쉬 잠들 수 없었다.

어떻게 해야 할까? 그를 만나야 하는 것일까? 그래서 그때의 내 심정을 솔직하게 전해야 하는 것은 아닐까? 당신 때문에 그때 어린 내 가슴은 새까맣게 다 타 버리고 말았다고, 난 당신을 결코 쉽게 생각하고 만난 것은 아니었지만 헤어질 때는 그것보다 몇십 배 더 비싼 대가를 치루었다고…. 그는 어떻게 변해 있을까? 결혼은 했을까? 그래, 결혼은 했을 거야. 아이도 있을지 몰라. 예전 같이 그렇게 알아볼 수 있을까? 날 몰라보면 어떻게 할까? 그는 나의 수 없이 많은 편지와 캠퍼스, 유원지에서 같이 찍었던 사진들을 어떻게 했을까? 멋모르고 보관했다가 지금의 아내에게 들키지나 않았을까? 어떤 여자와 결혼했을까? 그는 제대할 당시 왜 날 찾지 않았던 것일까? 12년이 훌쩍 지나버린 지금 만나면 옛날의 감정은 다 없어지고 전혀 남같이 덤덤하게 만날 수 있을까? 서로가 눈만 마주보아도 다 알 수 있을 것 같던 그때가 있기라도 했던 것을 그는 기억이나 할 수 있을까?

아니야, 이건 꿈이 아니고 현실이야. 지금 만나서 어떻게 하겠다는 것인가? 옛날은 옛날로써 끝났고 우린 지금 현실을 살고 있는 거야. 그런 만큼 현실에 충실해야 하고 현실에서 우리에게 주어진 삶을 외면할 수 없는 거야. 나에게 주어진 가정과 내 생활들, 나는 어느 것 하나라도 소홀히 할 수 없어. 난 포기할 수 있는 것이 없어. 이건 그에게도 마찬가지야. 그가 살고 있는 현실 어느 한 모퉁이에라도 내가 들어 그의 생활에 방해되어서는 안 될 거야. 그가 이제껏 이루어 놓은 것들이 나로 인하여 조금이나마 무너지기라도 한다면….

그녀는 거의 뜬눈으로 밤을 세웠다.

이튿날 그녀는 사무실에 나가지 못했다. 새벽녘부터 미열이 있더니만 출근시간 때쯤에는 온몸에서 열이 나고 어지럼증이 일었다. 그녀의 신음 때문이었을까? 남편은 새벽같이 일어나 물수건으로 머리를 식혀주고 약품 박스에서 해열제를 찾아주고는 했는데 그녀는 아무 말도 할 수 없었다.

"오늘 출근하지 말고 병원에 다녀와서 푹 쉬어요. 전시회 때문에 당신 몰골이 말이 아니야. 이젠 몸 생각도 해 가면서 일을 하구려."

남편은 진심으로 그녀를 위해 주었고 그녀는 자꾸만 할 말을 잃었다.

"엄마, 많이 아파? 엄마 아프면 어떡해. 나 엄마 아픈 것 싫단 말이야."

그녀의 어린 딸이 애교스럽게 말했을 때 그녀는 아픔을 잠시 잊고 싱긋 웃었다. 남편과 애들이 학교에 간 다음 회사에 전화를 걸어 늦게라도 나가겠다고 말하고 그대로 자리에 누워 있었다.

이제는 얼굴마저 희미한 그 사람. 그는 지난밤을 어떻게 보냈을까? 그는 아직까지 처녀일 때의 내 모습을 유추하고 있는 것은 아닐까?

그러자 그녀는 갑자기 두려운 생각이 났다.

그가 생각하는 내 모습보다 나는 더 세월을 먹어버린 것은 아닐까? 그가 내 얼굴을 보면서 했던 말을 기억이나 하고 있을까? "혜원인 정말 눈이 아름다워. 눈을 들여다보고 있으면 말할 수 없는 부드러움이 느껴져. 모든 게 평화스러워서 사람들이 다 혜원이와 같다면 이 세상은 전쟁도 없고 슬픔이나 눈물 같은 것도 없을 것 같아."

그는 언젠가 늦은 밤 헤어지기 전 이런 말도 했었지. "혜원아, 언제쯤 네 집에 한번 다니러 가면 좋겠니?" 그녀는 속으로 바보라고 불러본다. 바보, 왜 그렇게 자신이 없었을까?

그녀는 오후 대충 몸을 추슬러서 회사에 나갔다. 모두들 걱정을 해 주었고 사람 좋은 김 대리는 전시회 일은 거의 마무리가 다 되었다면서 들어가서 쉬도록 했다.

"푹 쉬고 이번 전시회 잘 되면 큰 걸로 한번 쏴야 돼."

김 대리의 말에 그녀는 빙긋이 웃고 전시회 관련 자료들을 서랍에서 꺼내 대충 챙기고 나서 사무실을 나섰다. 시계를 보았다. 4시를 조금 넘기고 있었다. 어디로 갈까? 길거리를 따라 한참을 걷던 그녀는 잠시 망설이다가 택시를 탔다.

"서울역으로 가요."

그녀는 어딘지 알 수 없는 그곳으로 떠나기로 결정하고는 입술을 지긋이 깨물었다. 열차를 타고 어디론가 떠나고 싶었다. 그와 자신으로부터 자유로운 곳, 그래서 자신을 포함한 그 누구도 알 수 없는 곳. 그곳으로 떠나고 싶었다. 그녀는 이제야 비로소 한 마리의 자유로운 새가 되었음을 깨달았다. 그 새는 지금까지 제 스스로 쳐놓은 울타리에 갇혀 날지 못하고 있었던 거야. 그런데 그 울타리는 없었던 거야, 처음부터 존재하지 않았던 거야. 나는 너무 오랫동안 날지 못했어. 내 날개는 오랫동안 쓰지 않았기 때문에 상하거나 찢겨져 버렸는지도 몰라. 그렇지만 난 날아야만 해. 내가 좋아했던 모든 것, 내가 원했던 것, 머물고 싶었던 곳, 그리던 그곳으로 가야 해. 그녀는 비상을 꿈꾸었다. 마치 스스로에게 이르기라도 하듯이 자꾸만 자신에게 소리쳤다. 난 날 수 있어, 난 날 수 있어, 난 날 수 있어 라고.

인연 만들기

성명 : 김미연, 나이 : 30세, 학력 : 서울 S여대 사회사업학과 졸업, 경력 : YWCA소비자 상담소 2년 근무, 현재 G중소기업 경리부서 재직 중.

이력서를 써 놓은 듯 그녀에 대한 프로필을 적은 용지가 여러 사람의 손을 거쳐 그에게 주어졌을 때 그는 그렇게 큰 기대를 하지 않았다. 단지 아직도 자신과 같이 나이가 차도록 결혼을 하지 못한 또 한 사람을 만나 서로를 보면서 위로를 받거나 잠시나마 시름을 잊고자 할 그런 요량이었다. 그래서 그는 맞선 자리에 시골의 모친이 올라오겠다는 것을 갖은 핑계를 대어 말려놓고 서울에서 생활하고 있는 누이랑 나가기로 했으며 직장에도, 가까운 친구에게도 전혀 이와 관련된 얘기를 하지 않았던 터였다.

가끔 졸업 후 잊고 있었던 친구들의 청첩장이 회사나 집으로 날

아들기도 하고 학교 동창들을 만나거나 모임에 나가보면 그새 많은 친구들이 결혼을 했었다. 그들은 하나같이 즐거워 보였고 인생의 새로운 기쁨에 눈 뜬 것처럼 온갖 미사여구를 동원해가며 결혼 예찬론을 늘어놓곤 했다. 그는 그럴 때마다 마지못해 수긍은 하면서도 모임이 조금 길어질 것 같으면 이 눈치 저 눈치 보며 자리를 빠져나가는 그들을 씁쓸한 마음으로 바라보곤 했다.

며칠 전 퇴근을 앞두고 평소 아끼던 대학 후배 하나가 전화를 해서 결혼을 한다고 이야기했을 때 그는 겉으로는 태연한 척 "그래, 축하한다."하고 말했지만 마음 한구석이 왠지 모르게 허전했었다. 그래서 그는 밤늦은 시간까지 술을 마시고 휘청거리는 걸음으로 하숙집에 들어갔었다. 주인여자는 대문을 따주며 얼굴을 한번 찡그리고는 "얼른 오시우, 빨리 결혼을 해야 마누라 때문에라도 일찍 들어올 건데…" 하며 혀를 끌끌 찼다.

그랬지만 정작 중매가 들어와도 그는 그리 탐탁하게 생각지 않았다. 독신을 고집하는 것은 아니었으나 그렇다고 결혼에 대한 막연한 기대가 있는 것도 아니었다. 왜 그런지 뚜렷한 이유도 알지 못하면서 세월만 보낸다는 것이 남들에게는 답답한 노릇이었으나 본인으로서는 어쩔 수 없는 노릇이었다. 누군가 연애와 결혼은 구별되어져야 한다고 했을 때 그는 맞장구를 쳤지만 특별한 이유가 있는 것도 아니었다. 단지 그러해야만 할 것 같은 생각이 들었기 때문이었다. 또는 누군가 결혼이 인생의 무덤이라는 말을 꺼냈을 때 그는 결혼하지 못한 자의 자기 합리화 정도로 대수롭지 않게 여겼다. 그리고 지금도 그러한 생각에는 큰 변화가 없었지만 시골의 모친은 자꾸만 하나뿐인 아들을 닦달해서 결혼을 하도록 했고 그는 갖은 변명을 해가며 빠져나가기 바빴다.

며칠 전 모친은 그에게 전화를 해서 근래에 드문 참한 처녀를 소개받았다면서 이번만은 꼭 한번 만나기를 당부했다. 그로서는 당연히 핑계를 대며 피하려고 했지만 모친도 순순히 물러나지 않았다. 어찌되었던 이번에는 꼭 만나야 된다는 것이었고 가능하면 결혼까지 했으면 좋겠다고 말했다. 어릴 적부터 크게 부모 속을 썩이지 않고 지내온 그는 가능하면 부모의 요구를 받아들이려고 노력했으나 결혼 문제로 인하여 부모와 자식 사이에도 보이지 않는 골이 생기고 있었다.

우여곡절 끝에 맞선을 보기로 했고 모친은 수시로 전화를 걸어 아들의 마음을 변화시키기 위한 갖은 이야기들을 늘어놓았다. 옆집 최 서방네 둘째 아들이 얼마 전에 결혼을 했는데 엊그제 며느리가 달덩이 같은 아들을 낳았다는 소식이 왔다는 것과 길 건너 강씨집 막내아들이 결혼을 한다는 데 몇 년간 연애를 했고 그 처녀는 무슨 대학 약대를 나왔다고 하는데 지금은 어느 제약회사에 취직해 있으나 곧 읍내에 약국을 열어줄 모양이라고 하면서 너는 허우대도 멀쩡한 놈이 남들 다 하는 연애도 한번 못해봤나, 집에 계집애 한번 데리고 오는 일이 없으니 하면서 모친은 부러움 반, 걱정 반의 얘기들을 했다.

심지어는 밤중에도 전화를 해서 아무래도 맞선 자리에 내가 나가봐야 될 것 같다고 누이가 사람을 제대로 볼 수 있을지 모르겠다며 걱정을 하였다. 그리고는 그 뒤 누이로부터도 수시로 전화가 걸려왔는데 뒤에 안 얘기로는 모친은 누이에게 비록 자신은 결혼을 해서 남의 식구가 되었지만 집안에 큰 일이 있을 때에는 신경을 써야 된다고 다짐을 주었고 하나밖에 없는 남동생 결혼에 적극적으로 개입하도록 지시를 내렸다.

사실 인생에서 결혼만큼 중대한 일이 또 있을까? 그리고 결혼에서 자유로운 사람이 얼마나 있을까? 그렇다고 한다면 결혼이야말로 정말 심사숙고해서 현명한 판단을 해야 함은 물론이요 관련서적을 통해서라도 배울 것은 배우고 선인들의 사례들을 살펴서라도 통달하지 않으면 안 될 것만 같은 일이기도 했다.

주변에서 이혼에 대한 얘기들을 얼마나 자주 듣고 있는가. 이혼이란 이제 상대방과 같이 살 의사가 없다는 것이고 그것은 결혼이 실패였음을 인정하는 것이 아니겠는가?

결혼의 실패, 그것은 다시 되돌릴 수 없는 자기과오이며 여기에 따른 부수적인 문제들은 또 어떻게 처리할 것인가. 이혼의 사유 중에 가장 빈도수가 높은 성격 차이만 해도 그렇다. 세상에 지금까지 남남으로 살다가 겨우 여차여차하여 만나 가정을 이루었는데 당연히 성격 차이가 있을 수밖에 없지 않은가.

성격이란 게 하루아침에 바뀌는 것이 아니고 보면 세상의 많은 부부들은 그 성격들을 어떻게든지 서로 어우르며 살아가려고 해야 할 것 아닌가. 그런데 그에 비하면 이들 이혼부부는 사실 이기적인 마음들이지 않았을까? 다시 말해 나의 생각에 상대방이 따라오도록 은근히 요구하는 것. 지금 세상에 어느 누가 자기 속을 버리고 상대방을 무조건 따르려고 할 것인가. 비록 부부 사이라 하더라도 말이다.

맞선을 보는 날 시골의 모친으로부터 새벽같이 전화가 왔다. 어제 저녁은 왜 그리 늦게 들어왔느냐고… 그가 회사 일로 어디 좀 다녀왔다며 머뭇거리자 술은 많이 마시지 않았는지, 양복은 깨끗하게 세탁된 게 있는지, 구두도 마른걸레로 깨끗하게 하고, 면도는 깔끔하게 했는지, 시간은 늦지 않게 남자가 좀 일찍 나가야 된다면서 아무래도 내가 나갈 걸 그랬다면서 한참을 예의 그 걱정들을 늘어놓았고 그는 꼼짝없이 그 말들을 들어야 했다.

"어머니, 걱정 마세요, 시킨 대로 잘 했구요. 그리고 사람은 다 인연이 있다던데 인연이 있으면 잘 되겠죠."

모친은 끝내 눈시울을 붉히는 듯 띄엄띄엄 말을 잇다가는 전화를 끊었다. 잠깐 사이에 누이에게서도 전화가 걸려왔다.

"넥타이는 밝은 색이 좋겠지, 시간 늦지 않게 일찍 나와라."

보지 않아도 그는 느낄 수 있었다. 모친은 누이에게 얼마나 정신교육을 시켰을까. '같은 서울에 있으면서 하나밖에 없는 남동생한테 왜 그리 무심하냐? 유 서방한테 얘기해서 중매도 좀 보게 하고 자주 만나서 결혼을 하도록 얘기도 좀 하고 그래야지, 니들은 어찌 그리 태평이냐.'

그의 절친한 친구가 얼마 전에 애 돌잔치가 있어 그의 집에 방문했을 때 그의 아내는 그에게 말했었다.

"아직 결혼을 하지 않으셨다면서요. 제 친구 미경이라고 미술학원에 나가는 친구가 있는데 소개해 드릴까요?"

옆에서 다른 친구가 말했다.

"이 친구, 눈이 좀 높아서 웬만한 여자는 어려울 겁니다."

그가 그 친구의 옆구리를 툭 쳤다.

"왜 그래, 사실이잖아."

친구의 아내는 잠시 그를 쳐다보고는 말했다.

"그렇더라도 미경이는 미술에 있어서는 일가견이 있는 애예요. 국전에도 입선 경험이 있고 개인 전시회도 몇 번 가진 걸로 알고 있거든요. 걔가 워낙 미술에 미쳐 있어서 여태껏 결혼을 못한 걸요."

밤늦게 그의 집을 나오면서 친구가 실실 웃으며 말했다.

"아까, 미경이란 애. 만나볼 생각 있어?"

그가 고개를 젓자 그 친구는 크게 웃으면서 말했다.

"잘 생각했다. 사실 여자들은 질투심이 강해서 자기보다 나은 여자는 절대 소개해 주는 법이 없거든…."

그가 시간에 맞춰 강변 레스토랑에 들어섰을 때 안쪽 창가에 앉아 있던 누이가 알아보고 손을 들어 보였다.

"어젯밤 좋은 꿈꾸었니? 이제 웬만하면 결혼을 하지 그러니."

그가 자리에 앉자마자 누이는 걱정 반 기대 반인 모습으로 그의 눈치를 보며 말했다. 누이도 그가 결혼을 하기까지는 모친으로부터 받을 압력이 부담이 되는 모양이었다. 모친이 결혼할 그때만 해도 완고한 노인네들이 대다수인 농촌에서 내리 딸 셋을 낳고 겪었을 마음고생이 오죽했으랴. 마지막으로 한번 더 출산을 하기로 하고 그를 잉태한 모친은 용하다는 점쟁이를 찾아가기도 하고 뒷담 장독대에 정화수를 떠놓고 아침저녁으로 빌곤 하였다는 데 그 덕분인지 아들을 낳고 나서 모친은 한숨 돌릴 수 있었으며 딸들에게도 남동생을 잘 돌보도록 교육을 철저히 시켰었다.

좋은 장난감은 으레 아들 차지였으며 맛있는 음식이 있어도 아들에게 먼저 먹였다. 어릴 때 그는 그런 게 당연한 것처럼 되어서 누이들이 갖고 있는 걸 가지고 싶으면 조금이라도 눈치만 보여도 됐었다. 누이들은 부모로부터 혼나지 않기 위해서 입안에 있던 사탕이라도 빼 주는 것을 마다하지 않았다. 아무튼 어릴 때 그는 아들이기 때문에 특별대우를 받은 셈인데 나이가 들어가면서 차츰 누이들에게 미안해졌다. 누이들의 마음은 동생으로 인하여 얼마나 많은 상처를 받았을까? 그는 철이 들면서부터 누이들을 따뜻하게 대하려고 애썼는데 모친은 그게 달갑지 않은 모양인지 그가 집안일을 하려고만 들면 하나뿐인 남동생을 누이들이 부려먹는다고 난리였다.

"어떡할 거야? 솔직히 결혼할 생각이 있기는 한 거야?"

누이가 그를 빤히 쳐다보며 물었다. 그는 참 난감한 생각이 들었다.

“이제 대충 결혼에 대해서는 정리를 하지 그래, 결혼에 대한 너의 생각은 어떤 거야?”

“남들이 이해하기 어렵겠지만 난 솔직히 말해서 아직 결혼에 대해서 깊이 생각을 해 보지는 않았어. 그렇지만 결혼에 대해 회의적이진 않아, 다들 결혼을 해서 살고 있고 나도 어느 계기를 통해서 결혼을 하게 되리라 생각해. 단지 중매를 하고 그래서 이렇게 맞선을 통해서 물건을 고르듯이 하기는 싫다는 얘기야.”

누이는 기가 찬다는 표정이었다.

“그럼 어떡할 거야. 그렇다면 연애를 했어야지, 남들 연애하고 다닐 때 너도 따라 했어야지. 이제 와서 사귀는 사람이 있는 것도 아니고 중매는 싫다 그러면 어떡하겠다는 얘기니?”

그는 꿀 먹은 벙어리가 됐다.

“나도 너 땜에 엄마로부터 스트레스를 좀 받니? 다들 시집가서 객지로 나가버리고 나만 여기 있다보니 화살이 내게만 빗발친다. 네 눈에는 이 누이가 불쌍해 뵈지도 않니?”

그는 점점 할 말이 없어 앞에 놓인 물 컵을 두 손으로 잡고 천천히 좌우로 빙빙 돌렸다.

“한 번 만나보자. 그래서 사람이 좋고 그녀도 너를 좋아한다면 결혼을 해도 좋지 않겠니? 모르긴 해도 중매가 갖는 장점도 많이 있을 거야. 예를 들어 연애가 가지지 못하는 상대방에 대한 기대나 호감도 있을 수 있고 적어도 상대방을 믿을 수 있잖니.”

누이는 대학을 졸업하고 교편을 잡으면서 같은 학교의 총각교사와 연애결혼을 했는데 처음 그 사실을 모르는 모친으로부터 맞선을 보라는 소리를 들었을 때 그녀는 모친에게 말했었다. "엄마, 나 우리 학교 총각 선생이랑 맞선 보면 안 될까?"

약속한 11시가 될 즈음 작은 체크무늬 투피스 정장 차림의 잘 차려입은 아가씨와 그의 오빠인 듯한 사람이 출입문을 들어섰다. 누이가 자리에서 일어서는 바람에 엉겁결에 그도 따라 일어섰다. 여자는 제법 큰 키였는데 가볍게 목례를 하고 자리에 앉았다. 그녀의 오빠인 듯한 사람이 그에게 악수를 청하면서 말했다.

"반갑습니다. 오래 기다리신 것은 아닌지…."

누이가 말을 받았다.

"저희들도 조금 전에 온 걸요. 바깥 날씨가 좀 더운 게 곧 여름이 올려나 봐요."

그는 앞자리에 다소곳이 앉은 그녀를 바라보았다. 사진으로 보았을 때와는 달리 몸이 조금 여위었고 피부는 서울여자 같지 않게 가무잡잡했으며 눈동자가 커서 시원시원하게 보였다.

이제부터 지루한 탐색전이 시작되는 것이다. 그는 천천히 컵을 들어 물을 들이켰다. 결혼은 혼자 할 수 없는 노릇이었다. 어차피 한 사람을 선택하여야 한다. 그렇다면 그 선택의 잘잘못은 가려질 수 있는 것일까? 가려진다면 그것은 누가 가려내는 것일까? 이혼이 그러한 이유가 될 수 있을까? 한 이불 속에서 살을 섞고 무수한 말들을 한다 하여도 그것이 진실일 수 있을까? 서로가 상대방보다는 나의 필요와 의지에 따라 결혼하는 것이 아닐까? 그래서 결혼을 빌미로 하여 나의 부족한 부분들을 채워나가는 것은 아닐까? 마치 적선하는 사람이 그것으로 인하여 자기만족을 얻는 것과 같이….

세상의 모든 남녀들은 고대로부터 어떻게 결혼이란 걸 하고 살았을까? 부계사회든, 모계사회든, 일부일처제든 일부다처제든 구분을 떠나서 그들은 상대방에게 어떤 의미였으며 꼭 필요하기는 했을까? 자손을 얻기 위한 방편일 수도 있었지만 그건 부차적인 일이 아니었을까? 다짜고짜 자손을 얻는답시고 남의 집 귀한 여자를 데리고 살 수 있는 것은 아니지 않는가?

주문 나온 차를 마시고 몇 마디 간단한 대화가 오가고 나서 여자의 오빠가 누이를 보면서 말했다.

"서로들 대강은 알고 있을 것으로 아는데 이제 저희들은 일어나고 당사자들끼리 얘기할 수 있도록 하지요."

"그게 좋겠네요. 그렇게 하죠."

그와 그녀는 그들을 데리고 온 사람들이 출입문 쪽으로 나가는 뒷모습을 바라보며 서 있다가 그들이 사라지자 자리에 앉았다.

이제 서로가 무엇인가 묻고 답해야 되는 시간이 되었다. 질문은 상대방의 핵심을 찌르되 에둘러 하고 답은 가능하면 모나지 않게 모범답안을 찾아야 한다. 어느 경우든 필요한 경우 약간의 과장도 인정될 수 있으리라. 그는 유리창 바깥을 바라보았다. 15층 건물의 스카이라운지라 가까이 멀리 빌딩들의 우뚝 선 모습들이 보이고 사이사이에 구름 한 점 없는 하늘이 보였는데 황사 때문인 듯 그렇게 맑지는 않았다. 그녀를 쳐다보았다. 그녀 역시 상대방을 똑바로 주시하지 못하고 시선을 불안하게 움직이고 있었다.

"대낮이긴 하지만 우리 어디 가서 맥주라도 한잔할까요?"

그의 제안에 그녀도 순순히 응했다. 그들은 천천히 자리를 털고 일어났다.

그날 저녁 그녀와 헤어져 집으로 돌아오는 길에 모친에게 전화를 걸었다.

"어머니, 저예요. 전화 많이 기다리셨지요. 조금 전에 헤어지고 전화하는 겁니다. 같이 오랫동안 있었다구요? 좀 그랬네요. 며칠 뒤에 부모님께 같이 찾아뵐 수 있을 것 같구요. 잘했다구요? 글쎄요. 저도 사실 제 마음을 잘 알 수가 없네요. 다음에 천천히 말씀드릴께요."

그는 집으로 돌아와 곰곰이 생각했다. 나는 왜 그녀와 결혼하려고 하는가? 내가 진정으로 꿈꾸어 오던 여자를 만났는가. 그건 아니었다. 그렇다면 왜… 그는 아무리 생각해도 그 이유를 알 수가 없었다. 그러다가 맥주를 마시면서 나누었던 이야기 중에 그녀의 한마디가 생각났다.

"제가 지금까지는 부모님의 뜻대로 순종하면서 살았다고 봐요. 그래서 저는 언젠가 결혼을 하게 되면 그때부터는 정말 보란 듯이 내 뜻대로 한번 살아봐야겠다고 늘 생각해 왔어요."

내 뜻대로, 나답게 사는 것. 그것은 결혼으로부터 시작하는 것인지도 모른다. 지금까지 나도 모르는 내 인생을 살아왔을까? 그래서 그 끝에서 결혼이라는 과정을 거쳐 비로소 내 인생 속으로 들어가는 것인가? 그는 선 자세에서 길게 심호흡을 하고 천천히 숨을 내쉬었다. 어느 짧은 순간 그는 만감이 교차하는 희열을 느꼈다.

밤배가 머물렀던 자리

그녀가 침대에서 일어났을 때는 해가 중천에 떠 있는 시간이었다. 그녀는 커튼이 가려져 있었음에도 방안을 비추는 환한 빛에 눈이 부신 듯 손으로 눈을 몇 번 비볐다. 밤새 켜 놓았을 천장의 희미한 불빛을 보면서 잠시 그대로 누워 있다가 갈증을 느끼고 비틀거리듯 부엌으로 걸어가 냉장고의 물통을 꺼내 입을 대고 그대로 몇 번 들이마셨다. 빈속을 훑으며 내려가는 찬 물의 싸늘함이 온몸으로 전해졌다.

그녀는 순간적으로 그 감촉이 소주를 마실 때와 같다는 생각을 했다. '사람들은 어쩌면 그런 쾌감 때문에 독한 술을 찾는지도 모르지' 정혜는 며칠 전 젊은이들로 꽤 붐비는 라이브 술집에서 그렇게 말하면서 소주잔을 단숨에 입에 털어 넣었었다. '그리고 그 쾌감 뒤에 따라오는 운명과도 같은 잔인함' 그러면서 주위에 아랑곳없이 깔깔대던 정혜는 그녀가 처음 노래방에 다니기 시작하면서 만났던 사람이었다.

여자로서는 조금 큰 키에 갸름한 얼굴이 주는 이미지는 심성이 여리고 온순한 듯이 보였으나 자신은 마치 여태껏 세상에서 속고 살았던 것 같이 누구랄 것도 없이 불만을 털어놓곤 했다. 그럴 때마다 그녀는 정혜의 그런 모습이 측은해 보여서 같이 술을 마시며 그녀의 처지에 공감하고 때로 위로하곤 했다.

그녀는 다시 침대로 돌아오려다가 요의를 느끼고 화장실에 들어가 일을 보고 돌아서는 순간 맞은편에 있던 거울과 마주쳤다. 거울 앞에는 볼품 없는 낯선 이가 이쪽을 물끄러미 바라보고 있었다. 그녀는 거울을 자세히 쳐다보았다.

핏기 없는 얼굴, 퀭한 눈, 헝클어진 머리칼을 한 여인이 역시 이쪽을 보고 있었다. 그녀는 잠시 그렇게 보고 있다가 마음속으로 피식 웃어 주어야겠다고 생각했다. 하지만 그녀의 그러한 생각에도 불구하고 거울 저편 여인의 얼굴이 차츰 일그러지기 시작했다. 그녀는 거울을 외면했다. 조금이라도 더 쳐다보고 있으면 거울 속의 여인은 곧 짧은 비명이라도 질러버릴 것 같았기 때문이다.

그녀는 얼른 화장실을 나와 식탁 의자에 앉았다. 식탁 위에는 가영이가 혼자 아침 식사를 하고 간 자리가 지저분했다. 가영이는 올해 초등학교 3학년에 다니는 딸애였으나 아직까지 제 또래의 애들과 잘 어울리지 못하고 혼자서 친구들 주변을 빙빙 돌곤 했다. 몇 달 전쯤에 그녀가 새벽 한시쯤 들어왔을 때 딸애는 그때까지 잠도 자지 않고 컴퓨터에 매달려 게임을 하고 있었기 때문에 그녀는 성이 머리끝까지 나서 회초리를 들고 심하게 나무랐을 때 딸애는 옷에 오줌을 찔끔거리면서 말까지 더듬는 것이었다. 그 뒤로 그녀는 아이에게 회초리를 들지 않았다. 요즘 들어서 딸애는 점점 엄마의 눈치를 보곤 했다. 그럴 때마다 그녀는 이 애를 어떻게 다루어야 할지 걱정이 되기도 하고 때로 안쓰러워져서 혼자 끙끙거리곤 했다.

식탁 위에는 마른 김, 쇠고기 조림, 김치 등 계속 식탁에 올려져 있던 밑반찬과 혼자서 밥솥에서 퍼 담은 공기밥이 놓여 있었지만 밥은 거의 먹지 않았는지 밥그릇 주위에 밥풀이 말라버린 채로 굳어 있었다. 눈물이 찔끔 났다. 그녀는 차를 한잔 끓여 마시려다 약간 어지러움을 느끼고 거실 소파에 앉았다.

어젯밤에는 운이 좋았는지 주말도 아니었으나 다른 날보다 몇 차례 더 술좌석에 앉을 기회가 있었다. 평소 손님 테이블에 들어가는 횟수가 하루 두세 번이 고작이었으나 어제는 마지막에 30분도 채우지 못하고 손님들이 일어서는 바람에 따라 나온 것을 포함해서 다섯 번이나 자리를 옮겨 다녔다.

노래방을 찾은 사람들은 대개가 미리 식사나 술을 마시고 오기 때문에 늦게 시작되는 것이 보통이었으나 마셨던 술로 인해 세상 좋은 표정으로 오기도 해서 때로는 따로 팁을 두둑이 챙기기도 했다. 그녀는 처음 이 자리에 나오면서 다른 직업을 구할 때까지만 하려고 생각했으나 어렵지 않게 일하고 돈 버는 재미에 빠져서 쉽사리 다른 일자리로 옮기기가 어려웠다.

"그렇게 어려운 건 없어, 자기 하기 나름이야. 그냥 손님들과 같이 즐긴다는 생각으로 편하게 마음먹으면 돼."

처음 노래방에 나왔을 때 정혜는 그녀에게 꼼꼼하다 싶을 정도로 친절하게 얘기를 해 주었다. 처음 이 세계에 발을 들여놓고 나서 정혜의 얘기가 많은 도움이 되었다. 남자의 세계를 알지 못했던 그녀로서는 달리 믿을 구석도 없었지만 정혜는 이미 이 분야에서는 이력이 붙었는지 틈만 나면 이런저런 얘기를 해 주었다. 그녀도 먹고사는 문제 때문에 어쩔 수 없이 나왔다고 했다. 남편이 회사 구조조정으로 2년 전쯤 퇴출당하고 나서 그녀는 집안 생활을 전적으로 책임지고 있었다.

"들어가기 전에 바깥 유리창을 통해서 안을 대강이라도 들여다보고 들어가는 버릇을 들이면 좋아."

정혜는 어느 날 멋도 모르고 들어섰다가 남편 회사 친구를 만났던 얘기를 해 주었다. 엉겁결에 얼른 나오기는 했지만 그때를 생각하면 지금도 얼굴이 붉어진다면서 깔깔거리고 웃었다.

사르르 배가 아파 왔다. 요즈음 그녀는 위가 좋지 못해 먹은 음식을 제대로 소화시키지 못했다. 어제도 늦게까지 계속 마신 술이 원인이었다. 처음 술을 받으면서 맥주 한두 잔쯤이야 했지만 남자들의 계속되는 술 권유는 정말 견뎌내기 어려웠다.

"눈치껏 해, 술과 원수가 졌는지 술만 봤다 하면 부어라, 마셔라 하는 사람들이 주는 술 다 마시고 배겨낼 여자가 몇이나 되겠어. 어리석은 남자들이지, 그 돈으로 제 마누라 팬티라도 한 장 사주면 얼마나 감동을 받겠어? 아침 밥상이 달라질 건데 말이야."

그녀가 술 때문에 속이 좋지 않다고 하면 정혜가 입버릇처럼 하는 얘기였다. 그녀는 병원에 가봐야지 늘 생각은 하면서도 아직 병원에 가지 못했다. 의사의 질문에 또박또박 대답할 자신도 없었거니와 생각보다 더 큰 병이 있을까봐 미리 겁을 먹고 있기도 했다.

"여보, 지금 회사 사정이 어렵고 대출기간이 완료된 것이 있어서 곧 차압이 들어올텐데 지금 있는 집은 살려야겠어. 집을 당신 앞으로 하고 서류상 이혼을 하면 집은 차압되지 않을 거야. 그렇게 해서라도 집은 살려야겠어."

남편이 운영하는 조그마한 중소기업은 큰돈은 되지 않았지만 그런대로 그녀 식구가 생활하는 데 어려움 없이 지낼 수 있었지만 IMF 여파로 인한 계속되는 불경기로 자금난이 악화되고 나중에는 10여 명의 직원들 인건비 지급도 어려웠다.

그렇게 되자 남편과 이혼 아닌 이혼을 했지만 그 뒤 남편은 집에 발을 들여놓을 때가 드물었다. 그는 두어 달에 한 번씩 집에 불쑥 나타나 생활비를 주면서 채무자들 때문에 어쩔 수 없이 도망을 다닌다고 하면서 보란 듯이 다시 사업을 재개하겠다고 포부를 말하고는 했다. 그러면서 당분간 조용할 때까지 어렵더라도 헤어져 지내야겠다는 말을 하고서는 최근 몇 달 전서부터는 아예 연락조차 없었다.

"네가 속은 거야, 그는 회사를 정리하고 지금 직장생활을 하고 있대, 누구랑 살림도 한다고 들었는데…."

친구들로부터 그런 얘기를 들을 때마다 그녀는 설마 했다. 특별히 그와의 사이가 좋지 않은 것도 아니었고 딸애가 아빠를 많이 따랐기 때문이었다. 지금도 딸애는 밤에 잠을 자다가도 한 번씩 일어나 두리번거리며 아빠를 찾곤 했는데 그럴 때마다 그녀는 그러는 딸애가 안쓰럽고 자신의 처지가 화가 나서 때로 이유 없이 나무라곤 했다.

남편은 두어 달 전쯤 밤에 전화를 걸어와 2년 정도만 더 기다려 달라고 했다. 그때가 되면 어느 정도 빚도 정리가 되고 일어설 수 있다면서 애를 잘 부탁한다고 했다. 그녀는 물어볼 말이 많았으나 그가 말하는 것만 듣고 통화를 끝내고 말았다. 그가 바쁘다며 전화를 끊었기 때문이었다.

"친정에 들어와 있거라. 김 서방이 무척이나 어렵겠구나."

어머니는 딸에게 그렇게 말했지만 그렇다고 그녀가 친정에 들어가기는 어려웠다. 벌써 몇 년째 중풍으로 누워 있는 아버지는 변변한 약조차 제대로 쓰지 못하고 있었다. 그러던 어머니도 얼마 전 무슨 얘기를 들었는지 집으로 올라와 자초지종을 얘기해 보라며 눈시울을 붉혔다.

"그래, 기다려보자. 네가 그렇게 좋다고 붙어 다니더니만…."

어머니는 그날, 내일 내려가라는 딸의 애원도 마다하고 서둘러서 시골집으로 내려갔다.

"따르릉…."

그녀가 거실에 앉아 조간신문을 읽고 있을 즈음 전화 벨소리가 울렸다. 그녀는 전화기를 들고 발신번호를 들여다보았다. 규원의 휴대폰이었다.

"집에 계셨군요. 그동안 잘 지냈습니까? 오늘 저녁때 식사나 같이 했으면 하는데 시간이 나겠습니까?"

가전제품 업체에서는 제법 알려진 S회사의 하청업체를 운영하고 있다는 그는 업무상 노래주점을 자주 이용했고 그녀는 그와 몇 번 자리를 같이 하기도 해서 서로 잘 아는 사이였다. 그는 30대 후반의 활달하고 분위기를 잘 이끌어 가는 사람이었으나 그와 마주 앉았을 때는 가끔 어두운 표정으로 사업의 어려움을 토로하곤 했다. 누가 보아도 성공한 사업가 같았으나 그는 자신의 사업에 대한 뚜렷한 확신이 서지 않은 듯 보였다.

"고맙습니다만 오늘은 몸이 좀 좋지 않아서…."

그녀는 말끝을 흐렸다. 그가 굳이 오늘 만나기를 원할 경우 나가야겠다는 생각이 들었기 때문이다.

"그렇습니까? 어쩌다가…."

"큰 병은 아니고 몸살기가 좀 있는 것 같네요."

"그렇군요. 그럼 내가 딴 일을 접어두고 약을 사 가지고 방문을 해야 될 것 같군요. 아픈 여자를 보고 사나이 대장부가 어찌 모른 척할 수 있겠습니까?"

그녀는 쓸쓸하게 웃었다. 전화기 저쪽에서도 웃는 소리가 들렸다.

“그럴 필요까지는 없을 것 같구요. 나중에 다시 한번 연락 주실 수 있으시면 그때 말씀을 드려도 될까요?”

“아픈 사람에게 그래도 되겠습니까? 그럼 나중에 제가 다시 연락을 드리도록 하겠습니다.”

그는 그녀에게 많은 관심을 보였다. 밖에서 따로 두어 번 만나기도 했다. 그는 그녀의 얘기에 귀를 기울여주었다. 그녀는 그렇지만 그의 앞에서 마음이 약해져서는 안된다고 생각했다.

“조심해. 남자들은 하나같이 다들 똑같거든….”

언젠가 정혜에게 규원의 이야기를 늘어놓았을 때 그녀는 호기심 반 걱정 반인 표정으로 그렇게 말했다.

“그래, 너 말이 맞다. 그냥 말동무나 하고 그러는 거지 뭐.”

그녀는 짐짓 말은 그렇게 하면서도 그에게 조금씩 끌리고 있는 자신을 느낄 수 있었다. 그는 평범한 가장이었다. 평범한 가정을 가진 남자, 두 자녀의 아빠이자 한 여인의 남편으로 평범한 사회생활을 하고 있는 사람. 그 평범함이 그에게 끌리는 이유라면 이유였고 그런 생각이 들 때마다 그녀는 자신이 만든 그에 대한 틀 속에서 벗어나고자 노력했다.

만나는 것이 위안이 되기도 했으나 한편으로는 두렵기도 했다. 그녀는 한 번씩 자신을 둘러쳐진 벽이 얼마나 쉽게 허물어질 수 있는 것인지를 생각했다. 자신을 보호하여야 할 크고 든든한 방패막이 필요했지만 그녀 주위 어디에도 그녀에게 든든한 방패막이 되어줄 사람은 없는 것 같았다.

"요즘 젊은것들 모두 쉽게만 돈을 벌려고 하니 이 모양이지, 그래 식당은 일할 사람을 눈 닦고 봐도 없고 전부 노래방 같은 데서나 일하겠다고…"

오후 정혜로부터 만나자는 연락을 받고 약속장소에 나갔다가 서로가 식사를 못했던 것을 알고 근처 식당에 들어섰을 때 마침 옆 좌석의 손님이 앉았던 자리를 치우던 나이가 쉰을 넘겼을 것 같은 아주머니는 그녀를 보자 열심히 일한다는 표정으로 누구랄 것도 없이 싸잡아 가며 얘기를 했다. 그녀는 괜히 마음이 뜨끔하여 정혜를 쳐다보았다. 정혜는 방석을 집어 그녀에게 건네주며 말했다.

"아줌마, 모두들 제 인생 다 제가 알아서 살 것이니까 아줌마는 아줌마 걱정만 하면 될 것 같은데요."

식당 아주머니는 그런 정혜를 흘끗 보더니만 더는 말이 없었다. 그렇지만 자기 일을 하는 사이사이 이쪽을 쳐다보곤 했는데 그 여자는 지금까지 자기의 경험으로 미루어 여기 앉은 여편네들이 대충 어떤 손님인지 골똘히 생각하는 것 같았다. 그리고는 대충 감을 잡았는지 자리를 다 치우고 일어나면서 반대 방향으로 몸을 틀더니 낮은 목소리로 한마디 했다.

"요즘 젊은것들은 옳은 얘기를 해줘도 말귀를 못 알아 듣는다니까…."

그때 빈 컵의 물을 따르고 있던 정혜의 표정이 순식간에 굳어졌다. 그녀는 얼른 정혜의 손을 잡았다.

"정혜야, 참아라. 얼른 밥이나 먹고 나가자."

정혜는 잘 참아주었다. 굳이 이 시간 식당에서 말다툼을 하기에는 누구에게도 도움이 되지 않는 것 같았고 무엇보다 그네들은 서로가 피곤했었다. 정혜는 대신 식사보다 일찍 상에 나온 소주를 스스로 잔에 차도록 부어서 들이켰다. 그녀가 부어주려고 했으나 정혜는 괜찮다며 아주머니가 간 방향을 보고 투덜거렸다.

"제까짓 여편네가 인생을 알면 얼마나 안다고 그래, 제나 나나 신랑 복 없이 제가 벌어먹고 사는 주제에…."

그러면서 정혜는 다시 한 손으로 술을 따라 단숨에 비웠다.

"너 왜 그래, 집에 무슨 일이 있어?"

그녀가 물었다. 그녀도 잔에 술을 따라 천천히 조금 마셨다. 빈속을 쏴아 하니 알코올이 소독을 하며 내려가는 것 같았다.

"응, 무슨 일이 있지. 나 오늘부터 이 짓 끝내기로 했다."

그녀는 말없이 정혜를 바라보았다.

"충청도 시집에서 내려오랜다. 와서 몇 안 되는 땅 갈아먹고 살자면서… 애 아빠도 다른 방법이 없는 모양이야. 마누라 술 마시고 돌아다니는 꼴도 보기 싫을테고…."

정혜는 다시 술을 부었다. 그녀가 미쳐 말릴 틈도 없이 한 잔을 훌쩍 비웠다.

"그랬구나…."

그녀는 무슨 말을 해야 할지 생각했다. 무슨 말을 해야 정혜에게 다소 위로가 될지를 생각했다. 그러나 적당한 말이 떠오르지 않았다.

"…언제 가는데…."

정혜의 눈에 눈물이 맺히는 것이 보였다.

"내일, 어저께 집도 다 정리됐어. 애 전학도 끝났고… 가면서 너 한번 보고 가야겠다는 생각이 들어서."

"그래, 가는 게 잘된 건지 못된 건지 모르겠어. 하지만 넌 어딜 가더라도 잘살 거야. 그동안 나에게 해준 것 참 고맙게 생각해. 너 때문에 내가 지금까지 잘 지냈던 것 같아. 정말 넌 나에게 큰 힘이 되었어."

그녀는 혼잣말처럼 중얼거리면서 생각했다.

'그래, 난 네가 처음에는 조그마한 바람막이로 알았는데 나중에 보니 제법 큰 버팀목이었는데 이제 너도 가 버리는구나.'

"우리가 안 지도 제법 몇 달이 되었지. 너도 참 좋은 친구,"

정혜는 잠시 생각하는 듯 말을 끊더니 그녀를 쳐다보고 웃으며 말을 이었다.

"언니구나, 그동안 제대로 언니 대접도 못해서 미안해. 참 좋은 언니 같았는데 말이야. 내가 먼저 떠나게 되어서 미안해. 그리고 우리 언니 앞으로 잘되었으면 좋겠다. 남편하고도 빨리 재결합하고 돈도 많이 벌고…."

정혜는 진심으로 그녀의 행복을 빌어 주었다. 그러나 그녀는 그러한 행복이 점점 그녀로부터 도망가는 것 같은 생각이 들어 어떻게 해야 할지를 몰랐다.

정혜와 식사를 하고 곧바로 집으로 돌아오면서 몸살약과 위장약을 사 먹었던 것이 어느 정도 효과가 있었는지 규원의 전화를 받았을 때는 그렇게 심하게 아프지 않았다.

"괜찮으시다면 저녁 7시까지 ○○동 Y한식집에서 기다리겠습니다."

그와는 근래에 만나지 못했다. 그렇지만 그와 특별히 만날 이유도 없었다. 그와의 만남은 누가 보더라도 옳은 만남은 아니었다. 그러나 그녀는 그의 제의를 냉정하게 거절하지 못했다. 왜였을까? 그녀는 골똘히 생각했다. 그러나 한참을 생각한 끝에 스스로 생각한 답에 대하여 그녀는 고개를 저었다. '아니야, 난 단지 외로울 뿐이야.'

그렇게 생각에 빠져있을 때 가영이가 아파트 문 앞에서 열쇠로 문을 따기 위해 딸그락거리는 소리가 들렸다. 학교를 마치고 속셈 학원에 들렀다가 마치고 오는 모양이었다.

"가영이니?"

딸애는 항상 아파트 열쇠를 차고 다녔다. 그녀의 생활이 불규칙했으므로 그녀가 없을 때라도 딸애는 집에 들어와 혼자서 밥을 먹고 숙제를 하고 씻고 잠자리에 들어야 했기 때문에 늘 열쇠를 차고 다니도록 일러주었다.

"학교 갔다 왔니?"

딸애는 제 엄마를 보더니 고개를 까딱하고는 바로 제 방으로 들어갔다. 그녀는 따라 들어갔다.

"학교에서 친구들이랑 재미있었니?"

"……."

"학원 선생님은 오늘 뭘 가르쳐 주었는데?"

"……."

딸애는 제 엄마의 질문에는 대답할 생각도 없이 가방에서 무엇을 꺼내려다가 그녀를 보고는 급히 가방을 닫았다.

"가방에 무엇이 있는데 엄마한테 안 보여주려고 그러니? 엄마도 한번 봤으면 좋겠는데…."

"싫어."

딸애는 얼른 가방을 제 등 뒤로 가져갔다. 순간 그녀는 얼마 전 딸애의 담임에게서 걸려왔던 전화가 떠올랐다.

"안녕하십니까? 가영이 학교 담임입니다. 다른 일이 아니고…."

담임은 말을 머뭇거렸다.

"선생님, 제가 자주 찾아뵙지 못해 죄송합니다. 혹시 가영이가 무슨 잘못을 저질렀는지요."

"예, 다른 일이 아니고… 혹시 자그마한 인형을 최근에 사 주신 일이 있는지 알고 싶어서 전화했습니다."

"왜 그러세요? 최근에 사준 인형은 없었던 것 같은데…."

"예, 그러셨군요. 실은 교실에서 한 학생이 인형을 잃어버렸다고 하는데 비슷한 것이 가영이 가방에 있어서 혹시 어머니께서 사 주셨는가 해서 여쭤보는 겁니다. 이맘때의 애들이란 누구나 호기심이 있어 한 번씩 그러는 경우가 있지요. 엄하게 하면 부작용이 있을 수 있기 때문에 잘 타일러 주시면 금방 알아들을 겁니다."

말은 부드러웠지만 담임은 그녀에게 딸애 가정교육을 잘 시키라는 압박을 하는 것과 다름없다고 생각했다. 그날은 아무 일도 못하고 혼자서 갖은 생각을 했다. 왜 그랬을까? 사 달라고 하면 사 주었을 것 같은데, 어떻게 얘기를 해야 딸애가 거부감 없이 제 어미의 말을 알아들을 수 있을까?

일찍 저녁을 먹고 가영이 방에서 얘기를 나누었다. 먼저 가방을 뒤져 인형을 꺼내고 가영에게 사실 확인을 했을 때 딸애는 그 애가 먼저 내 물건을 가져갔다는 둥, 그 애가 나를 때려 일부러 그랬다는 둥 변명을 늘어놓았다. 그녀는 나중에는 어떻게 수습해야 할지 난감했다.

"가영아, 남의 물건을 주인의 허락없이 갖는 것은 나쁜 것이란다. 내 물건을 어느 날 남이 몰래 가져갔다고 생각해 보렴. 얼마나 기분이 나쁘겠니. 우리 앞으로는 절대 이러지 말자. 가영이 같이 착한 사람은 남의 흘린 물건도 주인을 찾아 주는 사람이 되어야지 그지."

가영이는 그때 어떤 반응을 보였던가. 그녀의 다그치는 듯한 말에 짧게 "예."라고 한마디 한 것을 끝으로 그냥 넘기지 않았던가.

그녀는 가방을 억지로 빼앗아 가운데를 벌리고 손을 넣어 보았다. 못난이 삼형제 목각인형이 손에 잡혔다. 딸애는 인형과 그녀를 번갈아 보며 두려움에 떨고 있었다. 그녀는 악몽을 꾸고 있다고 생각했다. 그리고 이럴 때일수록 침착해야 한다고 생각했다.

규원과는 그날 약속을 지키지 못했다. 그녀는 미리 전화를 해 주었다. 그는 아무래도 좋다면서 내일 점심식사를 같이 했으면 좋겠다고 말했고 그녀도 그러겠다고 했다.

약속장소에 시간 맞춰 나갔을 때 그의 차가 비상등을 켜고 서 있었다. 그녀가 차 뒤쪽에서부터 걸어오면서 차를 향해 손을 들어 보였다. 그가 그런 그녀를 알아보고 차에서 내려 운전석 옆문을 열어 주었다. 그는 그녀를 보자마자 반가운 표정을 지으면서도 그녀의 약간 수척해진 얼굴을 보면서 물었다.

"그새 얼굴이 많이 상한 것 같은데요, 어저께는 꽤나 아팠었나 봅니다."

그녀는 싱긋 웃으면서 말했다.

"예, 조금…."

그는 무슨 일이 있었는지 요즘 들어 자주 만날 수 없었다. 얼마 전까지만 해도 사흘이 멀다하고 손님 접대니 뭐니 하면서 찾아오던 사람이 아니었던가.

"요즘 많이 바쁘신가 봐요."

그는 평소와 같이 호탕하게 웃었다. 태양 아래서 보는 가지런한 치아가 보기 좋았다. 차는 대낮 인적이 드문 도로를 따라 천천히 달려 시가지를 벗어나고 있었다.

"예쁜 지수 씨를 자주 찾지 못해 미안합니다."

그는 덤덤하게 말하더니 담배를 꺼내 불을 붙였다. 그리고는 운전석 창문을 열어 마신 담배연기를 길게 뿜어냈다.

"사실 그동안 사업을 정리했습니다. 한 보름 정도 됐군요. 제가 하는 일이 하청업이 되다보니까 시기적으로 바람도 많이 타게 되고 알게 모르게 들어가는 비용도 수월찮고 하던 차에 미국에 있는 가까운 친척이 자기가 하고 있는 일을 좀 도와주면 좋겠다고 해서 고민 끝에 가족이민을 신청했습니다. 집사람도 애들 교육문제로 외국에 나갔으면 좋겠다고 하고… 어디 가도 여기보다야 낫지 않겠습니까?"

달리는 차 안에서 그들은 둘 다 말이 없었다. 사람들은 왜 만났다가 또 헤어지는 것을 반복하는 것일까? 사랑하는 것과 미워하는 것의 차이는 무엇일까? 가는 것과 오는 것, 잃은 것과 얻은 것, 내가 주어야 할 것은 무엇이고 내가 받아야 할 것은 무엇인가.

차는 오랫동안 달렸다. 운전석과 조수석 사이의 공간이 갈수록 넓어지는 느낌이었다. 그들은 시간이 지날수록 서로를 외면하고 있는 듯했다.

"언제쯤 떠나시는데요?"

그녀가 지루한 침묵을 깨고 말문을 열었다.

"제가 며칠 뒤 먼저 떠나고 집사람이랑 애들은 여기 일을 마무리한 뒤에 들어올 겁니다. 대충 한달 정도 잡고 있습니다."

'평범한 사람인 줄 알았었는데, 평범한 가정의 평범한 가장인 줄 알았었는데 내가 생각하는 것처럼 그렇게 평범한 사람은 아니었구나. 그의 마음 한구석은 늘 다른 세계를 꿈꾸며 살았었구나. 내가 생각하지도 못하던 것, 내가 느낄 수도 없었던 것을 그는 가지고 있었던 거야.'

"그랬었군요. 그래서 그동안 소식이 없었네요. 축하를 해야 될 것 같은데…."

"축하는 무슨, 그보다 사실 그동안 지수 씨를 만나면서 힘들 때마다 많은 도움을 받았습니다. 늘 감사하게 생각합니다. 같이 지내다보니 참 좋은 사람이라고 여겨지고 어려울 때 의지가 많이 되었습니다."

차가 신호등 앞에 섰다. 시골 장터에서 돌아오는지 노인네 둘이서 바람이 부는 길을 한 손으로 머리의 모자를 잡고는 짐들을 들고 도로를 건넜다. 바람은 이곳 바닷가 쪽으로 오면서부터 점차 심하게 불고 있었다.

'가는 마당에 무슨 젊은 애들마냥 사랑 고백일까, 그가 나를 좋아하기나 했을까?'

다시 차는 달리기 시작했다.

"어디 조용한 데 가서 식사나 하죠. 요 아래 바닷가 쪽에 좋은 곳이 있다는 얘기를 들었는데."

그는 그녀의 이야기를 듣지도 않고 바닷가 쪽으로 난 길을 따라 들어가더니 곧 새로 생긴 모텔 앞에 차를 댔다. 5층 건물의 지하는 나이트클럽이 들어섰고 1층은 대형식당 나머지 층은 여관으로 마지막 5층은 스카이라운지로 꾸며 있었다. 제법 많은 사람들이 붐볐다. 낮에는 주로 도로를 지나던 사람들이 식당이나 근처 슈퍼마켓을 이용하는 듯이 보였다.

공용주차장에서 차를 내려 식당으로 향했다. 식사시간이 지났음에도 식당에는 군데군데 손님들이 보였다. 생각보다 깔끔하고 규모가 컸다. 종업원 한 명이 멀리서 빠른 걸음으로 다가와 바다가 보이는 곳으로 안내했다. 대형유리를 두고 바다가 한눈에 들어왔다.

"바닷가재를 잘한다고 하는데 어떻습니까?"

그는 벽에 걸린 메뉴판을 보고 식탁에 앉으면서 물었다. 그녀가 그의 말에 동의하듯 바닷가재가 담긴 커다란 수족관을 바라보았다. 수족관 속의 가재들은 몸이 서로 뒤엉켜 바닥에 깔려 있었다. 멀리서 여기까지 공수되어 온 가재들은 며칠이 지나지 않아 사람들의 먹이로 사라질 것이었다. 문득 불쌍한 생각이 났다.

멀리 바다 한가운데 바람을 피해 부두로 돌아오는 작은 배 한 척이 보였다. 하늘이 점차 흐려지고 곧 비라도 내릴 날씨여서 그녀는 빨리 배가 들어와야겠다고 생각했다. 저 배를 타고 있는 사람뿐만이 아니라 집에서 저 배를 기다리는 가족의 심정도 그녀는 이해할 수 있을 것 같았다.

배에는 고기가 얼마나 잡혀 있을까? 그들은 일기예보를 미리 알고 있었을까? 혹시 일찍 새벽같이 나갔다거나 나이를 많이 먹어

미처 듣지 못했던 것은 아닐까?

"술을 드릴까요?"

종업원이 안주류를 들고 와 식탁에 내려놓으면서 물었을 때 그는 그녀를 쳐다보았다. 그녀는 종업원이 들으라는 듯이 말했다.

"그래요, 이왕이면 좀 독한 술로 주면 좋겠네요."

그의 눈이 휘둥그레져서 그녀를 쳐다보았다. 그녀는 천천히 또박또박 말했다.

"규원 씨와의 마지막 자리 같은데 술이 빠지면 되겠어요? 술 때문에 만난 인연인데…."

그는 그런 그녀를 물끄러미 쳐다보았다. 그녀는 계속해서 말했다.

"왜, 제 말이 틀렸나요. 틀렸으면 틀렸다고 말해보세요. 왜 사람들은 하나같이 감당키 어려운 무거운 짐만을 주고 떠나는 거죠?"

그녀는 침착해야 한다고 생각했다. 저 바닷가의 배가 무사히 부두에 돌아올 때까지 그녀는 침착하게 기다려야 한다고 생각했다. 저 배가 무사히 돌아오도록까지 마음을 졸이고 있을 가족들을 생각하며 그녀는 한시도 마음을 놓으면 안 된다고 생각했다.

그녀는 이제 앉은 자리에서 일어나 2층 객실로 그와 함께 들어가는 생각을 한다. 바다가 보이는 객실 소파에서 커튼을 걷고 바다를 본다. 바다는 어느새 까맣게 변해 있다. 그 배는 어떻게 되었을까? 그 배는 부두에 들어온 것일까? 그가 그녀에게 다가와 바다 쪽으로 돌아선다. 그녀의 눈에 바다 대신 그의 나신이 들어온다. 그는 이미 배를 포기한 것일까. 눈물이 난다. 그가 그런 그녀를 침대로 데리고 가 눈물을 닦아준다. 그리고는 하나씩 옷을 벗겨나간다. 그녀 몸을 감싸주었던 얇은 막들이 하나하나 떨어져 나가는 것을 느끼며 그녀는 배를 떠올린다.

부두의 등대는 멀리 바다를 향해 희망과도 같은 불빛을 비춰주고 있을까? 그래서 배에 탄 그들은 그 희미한 불빛을 보며 마지막 안간힘을 쓰고 있지 않을까. 힘들더라도 조금만 더 노를 힘차게 저어야 할 텐데, 그래야 할텐데….

그가 그녀를 뜨겁게 끌어안았다. 그의 억센 숨소리가 귓가에 들려왔다. 동시에 어디선가 희미하게 뱃고동 소리가 울리는 것 같았다. 배는 들어온 것일까. 파도와 어둠을 뚫고 부두에 입성한 작은 배, 그래서 지금 뱃고동 소리로 그 기쁨을 노래하는 것은 아닐까?

그녀는 다시 귀를 기울였다. 내가 잘못 들었던 것은 아닐까? 뱃고동 소리를 다시 한번 더 들을 수 있다면 좋을 텐데, 그래서 그 조그마한 돛단배가 캄캄했던 바닷가의 악몽을 뱃고동 소리와 같이 멀리 던져버렸으면 좋을텐데….

문 앞에 서다

아파트 현관 앞에서 등산화를 꺼내기 위해 신발장을 열다가 앞치마를 두르고 선 아내를 힐끔 쳐다보았다. 그녀는 발치에 서서 무슨 말인가 하고 싶은 듯 이쪽을 바라보다가 눈이 마주치자 얼른 고개를 돌렸다. 그 역시 그녀를 애써 외면하고 바삐 현관문을 밀치고 밖으로 나왔다. 아내가 뒤따라 나오는 모양으로 슬리퍼를 끄는 소리가 나자 엘리베이터 층별 표시판을 곁눈질하고는 서둘러 계단으로 내려갔다. 뒤에서 "다녀오세요."라는 짤막한 음성이 들렸으나 그는 대꾸도 않고 계단을 통해 아래로 내려갔다. 10층이나 되는 계단을 걸어 내려가는 데에는 그리 오랜 시간이 걸리지 않았다.

입구에 설치된 경비실은 텅 비어 있었다. 교대시간이거나 순찰 중인지 알 수 없었다. 그는 놀이터를 지나 아파트 입구의 3층 상가를 빠져 나오다가 인도 한 켠에 서서 누군가와 얘기를 나누고 있는 부동산 중개업자 최씨를 보았다. 최씨가 등산복 차림을 한 그를 보고는 아는 척을 하며 고개를 가볍게 숙였다. 그도 웃으면서 한쪽 손을 들어 보였다.

최근 그가 살고 있는 아파트는 재개발 계획이 있을 것이라는 풍문이 있고 나서부터 주변 부동산소개소를 찾는 이들이 부쩍 늘어났다. 벌써부터 투기 열풍의 조짐이 이는 것 같았다. 그는 얼마 전 최씨를 통해 이런 사실을 알고는 몹시 못마땅했다. 임대로 살아서 때문만도 아니었다. 이런 일들이 거듭될수록 집 없는 자들은 집 장만하기가 더 어려워질 것은 불을 보듯이 뻔한 일이었다. 게다가 집값이 오르면 현재의 임대료도 그와 비례해서 요구할 것이고 결국 있는 자들만 배부르게 만들어 주는 일이나 다름없는 것으로 여겨졌다.

생각을 하다 보니 슬며시 화가 치밀어 올랐다. '에이, 더러운 세상' 속으로 이렇게 중얼거리면서 인도에 깔린 보도타일에 대고 마른침을 뱉었다. 마침 곁에 갓난아이를 유모차에 태우고 천천히 지나가던 젊은 아낙이 그런 그를 곱지 않는 시선으로 쳐다보았다.

50여 미터를 걸어 내려가 아파트 단지를 벗어나자 천천히 걷기 시작했다. 다소 빠른 걸음으로 아파트 입구를 빠져 나왔기 때문인지 땀이 솟아난 이마를 맨손으로 한번 쓱 문질렀다.

한참을 달려온 시외버스를 내려 그는 산길로 접어들었다. 계절로는 늦은 봄이지만 날씨는 이제 완연한 여름이었다. 흰 구름이 몇 점 떠 있는 맑은 날씨에 햇살이 따가웠고 나무들도 최근 들어 제법 짙푸른 색을 띠고 있었다. 산행 길은 평일이지만 사람들이 제법 붐볐다. 간편한 복장의 중년 여성들과 나이가 지긋한 어른들도 보였다. 간혹 전문 산악인으로 보이는 사람들도 눈에 띄었고 어린애를 데리고 산책 나온 부부도 볼 수 있었다. 오랫동안 비가 오지 않은 탓으로 산길은 발걸음을 옮길 때마다 먼지가 심하게 났다.

그는 요즘 들어 자주 산을 찾았다. 산을 오르면 우선 마음이 탁 틔는 것 같았다. 천천히 걸어가면서 이런저런 생각을 하기도 하고 한나절 배가 출출해지면 미리 가게에서 구입한 김밥이나 음료수를 마시기도 했다. 간혹 괜찮은 자리가 있기라도 하면 가져간 책을 읽는다든지 낮잠을 즐기기도 하다가 해가 넘어갈 즈음에 내려왔다. 때로 집으로 돌아가는 길에 기원에 들르기도 하고 포장마차에서 못하는 술이나마 한두 잔 들이켜곤 하였다. 그러면서 그는 알게 모르게 산에 이끌리게 되어 지금까지 살아오면서 산을 자주 찾지 못했던 것이 후회가 되기도 했으나 아직은 그렇게 늦지 않았으리라는 생각이 그를 기분좋게 만들었다. 하지만 전문적으로 산을 찾아다니는 산악인은 원하지 않았고 애당초 그럴 생각조차 없었다. 다만 최근 더 심해진 어지럼증으로 병원을 찾았을 때 의사가 권유했던 것처럼 근처 산들을 찾아다니면서 찌든 공간에서 벗어나 맑은 공기를 들이켜며 속에 있는 걱정이나 근심을 어느 정도 털어 버린다면 그것으로 족한 것이었다.

그는 한참을 걸어 올랐다. 더운 날씨 때문에 얼마 지나지 않아 갈증을 느끼고 쉴 자리를 찾기 위해 두리번거리다가 등산로에서 위쪽으로 조금 떨어진 곳에 홀로 있는 산소를 발견하고는 산소 옆 평평한 잔디에 주저앉았다. 산소는 오래된 듯 앞부분 일부를 제외하고는 잡초가 무성해 최근 몇 년간 후손들이 돌보지 않은 듯했다. 뒤편 왼쪽으로 봉분 일부가 패어 있어 흙과 비죽한 자갈이 드러나 있었다. 지난해 태풍의 흔적인 것 같았다. 그는 어깨에 둘렀던 조그마한 배낭을 끌러 밤새 냉장고에서 얼려온 물을 한 모금 들이켰다. 아직 채 얼음이 녹지 않아 마실 수 있는 물은 그리 많지 않았다. 목의 갈증이 가시자 그 자리에 벌렁 누워버렸다. 무성한 나뭇잎들 사이를 비집고 들어온 빛이 나뭇잎이 흔들리는 대로 춤을 추었다.

그가 직장에서 퇴직을 한 것은 1년을 넘긴 지난겨울의 일이었다. 마침 회사에서는 구조조정을 실시하면서 명예 퇴직자에 대하여 전에 없는 위로금을 지급하겠다는 조건을 내걸었고 앞으로도 이번과 같은 기회가 없을 것임을 누누이 강조했다. 직원들은 동요하기 시작했고 그도 여러 가지로 궁리하다가 사표를 내기에 이르렀다.

그는 오히려 잘 되었는지도 모른다고 생각했다. 평소 가까운 친구로부터 그 당시 생소하던 소규모 유아용 장난감 임대업을 같이 해 보자는 제의를 받아왔던 터라 그 일에 대한 미련이 없지 않았다. 친구는 독자적으로 세운 사업계획서를 들고 그 뒤 몇 번인가 집에 찾아왔는데 그가 듣기로는 꽤 전망이 있어 보였다. 하지만 정작 퇴직을 하고 그 친구와 사업을 시작하기도 전에 그 친구는 사업에 실패하였으며 하루아침에 채권자들로부터 쫓기는 신세가 되었다. 그 친구는 초창기 창업자금 부족으로 자금회전이 어렵게 되자 아는 친구들을 찾아다니며 자기사업에 끌어들이려 했다는 사실을 뒤늦게 알게 되었다. 아내는 그 소식을 듣자 다행이라며 그를 위로했으나 그 자신은 한동안 친구에 대한 배신감과 직장문제로 멍하니 지낼 수밖에 없었다.

그때 같이 사직한 동료가 30명이 넘었는데 그들은 대부분 재취업을 하기도 하고 자기 사업을 벌이기도 했다. 같이 퇴직을 했던 이들은 처음 얼마동안은 자주 모이고 정보도 교환하는 등 모임이 활기를 띠었으나 차츰 직장들을 다시 가지면서 모임의 횟수와 인원이 줄기 시작하였고 몇 개월 전서부터는 아예 모임 자체가 없어졌다. 대신 가까운 사람들끼리 전화로 연락을 하고는 했는데 그것도 최근에는 시들해졌다. 기껏 두세 명이 어쩌다가 한 번씩 연락을 해서 모이고는 했는데 그는 요즘 들어 그 모임을 회피하고 있었다. 아직 변변한 직장이나 사업을 벌이지 못한 자들은 모이기만 하면 누구랄 것도 없이 내뱉는 세상에 대한 불만과 이어 나오는 한숨에 그는 동조하고 있을 수만은 없었다.

그는 가끔 자신을 들여다보았다. 세상을 너무 만만하게 본 것은 아니었을까? 누구나 자라면서 한 번은 가지는 생각, 자신의 기준에 맞추어 세상을 바라보던 그 유아적 망상을 여태껏 버리지 못했던 것은 아니었을까? 그렇지만 그건 아닐 것이라고 생각했다. 그리고 그가 바라는 것이 그렇게 특별한 것이라고 생각되지도 않았다. 누구나 꿈꾸는 그런 평범한 세상을 원했던 것일 뿐이었지만 그것을 이루기에도 그는 너무 지쳐 있었다.

퇴직 후 아내와 함께 식당을 개업했던 친구를 떠올렸다. 그 친구는 코미디언이 창업을 했다는 당시 이름을 날리던 전국 규모의 체인점인 식당을 많은 돈을 들여 개업했고 불과 두 달 만에 막대한 손실을 입고 물러났다. 돈에 눈이 어두웠던 탓이었을까, 체인점 계약은 불평등 계약이었고 장사를 하면 할수록 본사만 배를 불리는 실정이었다. 그 친구는 실의에 빠져 있었다. 다시 재기해야 했으나 이미 상당부분 손실을 본 원금은 되살릴 수 없었던 것이다.

퇴직 후 그에게는 주체할 수 없을 정도의 시간들이 남아돌았다. 처음 얼마 동안은 사업구상을 한다는 핑계로 동분서주하고 다녔지만 몇 번의 시행착오를 겪고 나서는 무슨 일이든 서둘러서 될 일은 없다는 사실을 깨달았다. 그것은 대개 어느 정도의 손해를 감수하고서 얻을 수 있는 것이었다. 그렇게 조금씩 자신감을 잃고 나서는 언제부터인가 운명론자가 되어 주어진 시기와 때를 기다리는 사람으로 바뀌어 있었다.

그렇게 마음을 먹자 일상이 달라지기 시작했다. 우선 사람이 느긋해졌다. 늦잠을 자기도 하고, 가까운 도서관을 찾기도 했으며 고장난 릴 낚싯대를 매만지기도 했다. 또 만나지 못해 그동안 소원했던 친구들도 만나는 등 나름대로의 세월을 보냈지만 변화의 낌새는 어디에서도 찾아볼 수 없었다. 다시금 초조해지기 시작했다. 그리고 어지럼증이 따라왔다. 심하게 어지러울 때는 병원을 찾아 진료를 받기도 했는데 의사는 불안장애로 인한 우울증 초기 증상이라고 일러주었다. 그는 내심 큰 병이 아닌 것을 다행으로 여겼으나 동행했던 아내는 오히려 근심스런 표정으로 그를 물끄러미 쳐다보았다. 그 뒤 아내는 한약을 다려주는 등 수시로 그를 위로하면서 진정시키고자 노력하였으나 생활에 뚜렷한 변화가 없는 한 그대로 지켜보고만 있을 수밖에 없었다. 그의 마음은 그동안 많이 굳어 있었다. 그 역시 이래서는 안 된다며 스스로 마음을 추슬러 보기도 했지만 그것조차 뜻대로 되지 않았다. 얼마 전 학교동창이던 친구 형석을 길거리에서 만났을 때 그는 얘기 도중 대뜸 농담 삼아 말했다.

"아직도 백수당 열심 당원이라면서…."

고등학교를 같이 나온 막역한 사이였으나 요즘에는 그가 만나기를 꺼렸으므로 자주 만나지 못했다.

"그러게 말이야, 어디 몇 군데 알아보는 중인데 이 나이에 어디 들어가는 일이 장난이 아니네."

흉, 허물이 없는 사이였으나 점점 목소리가 기어 들어가는 것은 어쩔 수 없는 노릇이었다.

"그래, 이왕에 이렇게 되었으니 조급하게 생각하지 말고 잘 알아보고 시작하는 게 좋지 않겠어?"

위로 삼아 하는 말이겠지만 말하는 사람이나 듣는 사람이나 들기 좋으라고 하는 말이라는 것을 서로가 잘 알고 있었다.

"여보, 너무 그렇게 걱정 마세요. 지금껏 잘 지내왔잖아요. 생활비도 넉넉하지는 않지만 아직 걱정할 정도는 아니에요. 일자리도 차츰 알아보면 되겠죠. 그리구 그 사이에 나라도 어디 잠시 다녔으면 하는데 어떨까요?"

어느 날 아침 일찍부터 딸애를 학교에 보내기 위해 부산을 떤 뒤 따로 상을 차린 식탁에서 아내는 그를 보며 가만히 말했다. 그는 잠자코 듣고만 있었다.

"불광동 어디에서 누가 식당을 개업하나 봐요. 일하는 사람을 구한다고 건너 철이네 엄마가 며칠 전에 얘기해서 한번 알아봐 달라고 부탁했어요."

그러면서 그의 눈치를 살폈다. 예전 같으면 큰소리가 났을 것이다. 그로서는 아직까지는 가족을 책임질 수 있다고 생각했다. 아내는 가정 내에서 가족을 챙기고 자녀 교육에 신경을 쓰면 족했다. 그런 그에게 아내가 생활전선에 나서도록 내버려두는 것은 견디기 어려웠다. 더구나 가장이 제 역할을 못해서 이 같은 일이 생겼다는 데에 그는 깊이 침묵했다. 그녀는 조바심을 내며 그의 눈치를 살폈다.

한동안 서울역에 자주 나갔었다. 특별히 어딜 가기 위해서였거나 누굴 만나기 위해서 간 것은 아니었다. 그는 역구내에서 많은 사람들이 이동하는 모습을 바라보고 있다가 돌아오고는 했다.

역은 출발지이자 도착지였다. 떠나는 사람은 혼자 또는 여럿이서 무리를 지어 와서는 신문을 보거나 두런거리며 어딘지 모를 목적지를 가기 위해 열차를 기다리고 있었다. 그 중에는 간혹 늙은 부모님을 배웅해 주기 위해 나온 자식들도 보였다. 그들의 늙은 부모들은 무슨 일로 이렇게 자식들의 도시로 왔다가 돌아가는 것일까? 시골에서 올라오는 어른들은 보통 손에 힘이 부칠 만큼의 많은 짐들이 들려 있었다. 그것들을 자식들의 집에서 주섬주섬 풀어놓으면서 그네들의 정성과 믿음을 전달했을 것이다. 잘살면 잘사는 데로 못살면 못살아서 부모의 마음은 아팠을 것이고 잘살아서 자식들에게 많이 베풀지 못한 자신들을 스스로 탓했을지도 모를 일이었다.

그네들은 벌써 알았을지도 모른다. 태어나서 이제껏 기르고 가르치며 혼인을 하고 분가시켰지만 자식이란 평생을 부모에게 씌어진 굴레인 것을. 그래서 부모는 먼저 죽은 자식을 마음에 묻으며 자식을 위해 기꺼이 목숨까지 바친다고 했던가.

대개 떠나는 열차를 기다리는 사람들의 표정은 밝아 보였다. 어디론가 떠난다는 기대는 즐거운 일이었을까? 그는 어린 시절을 떠올렸다. 그때에도 열차는 꿈과 동경의 대상이었다. 하루에 몇 번밖에 거치지 않던 시골 간이역에서 시커먼 연기를 올리며 멀리 산 중턱을 돌아 사라지던 열차를 지금도 기억하고 있다. 산마을을 울리던 기적 소리는 어린 영혼의 잠자는 꿈과 희망을 깨우는 소리이기도 했다. 언제쯤이면 저 열차를 타고 멀리 떠날 수 있을지를 고대하면서 길었던 학창시절을 보냈음을 기억하고 그는 회한에 잠기기도 했다.

"혹시 성진 씨 아닌가요?"

그날도 그는 오전 내도록 간혹 나가는 직업소개소 몇 군데 들렀다가 오후 퇴근시간 무렵 역 대합실에 나갔다. 대합실 딱딱한 의자에 비스듬히 기대어 누군가 읽고 버린 신문을 건성으로 넘기고 있다가 화장실에 가기 위해 일어섰을 때 누군가 이쪽으로 걸어오다가 얼굴이 마주쳤다. 상대방은 옅은 베이지 색 원피스 차림의 여인이었는데 그녀를 알아보기는 하였지만 이름은 얼른 생각나지 않았다. 상대방도 그를 알아본 듯 놀란 눈빛이었다.

"오랫만입니다. 혹시…."

그가 이름을 얼른 기억해 내지 못하고 있을 때 그녀가 천천히 말했다.

"인규 씨 안사람입니다. 회사에 계실 때 저의 집에 간혹 오셨더랬죠."

그때서야 그는 비로소 그녀를 알아보고 신문을 접으며 말했다.

"아, 그래요. 인규 부인 되시죠. 얼굴은 익은데 누군가 얼른 생각이 안 나서…."

그들은 서로 가벼운 목례를 했다. 인규는 회사의 입사 동기였다. 외형적이고 유순한 성격이라 누구하고도 잘 어울렸으며 K대학을 나온 수재로서 회사에서는 유능한 사원으로 인정받고 있었다. 같은 부서에 오래 근무했던 터라 서로를 잘 알고 있었고 그가 회사를 떠날 때 인규는 집에까지 찾아오며 계속 같이 근무하기를 바랬으나 당시 그의 생각은 이미 결정되어 있었다.

“인규는 회사에 잘 다니고 있겠지요.”

회사를 그만두기 얼마 전만 해도 서로가 자주 집을 왕래하며 지냈으나 회사를 나오고 나서는 서로가 집을 찾는 일이 뚝 끊겼다. 얼굴을 바라보다가 생각보다 그녀가 여위었다는 느낌이 들었다.

“……”

그녀는 말없이 핸드백을 열어 손수건을 꺼내더니 눈가를 찍어냈다. 그는 순간적으로 만나지 못했던 동안에 무슨 일이 있었다는 느낌이 들었다. 그녀의 대답을 기다렸다.

“… 실은 얼마 전에 ….”

그는 목에 침을 삼켰다.

“… 그이가 … 돌아가셨어요….”

회사는 구조조정을 하던 중에 일부 사원에 대한 비리가 적발되었고 그룹 차원에서 실시된 감사에서 기술부에서 추진 중이던 신기술 프로젝트가 라이벌이던 A회사에 일부 핵심기술이 넘어간 사실을 밝혀냈다. 그리고 주동자 중 한 사람으로 인규가 지목되었다. 그는 끝까지 혐의 사실을 부인했고 회사에서 자체조사를 일단락하고 경찰에 수사를 의뢰했던 며칠 뒤 그는 살고 있던 아파트로 늦은 밤 귀가하다가 20층 옥상에서 뛰어내렸다고 했다. '어떻게 하면 자신의 생명을 끊는 매정한 일을 다 할 수 있을까? 그리고 남아있는 이 여인은 그동안 얼마나 많은 어려움을 겪었을까?' 그는 놀란 가슴을 쓸어내리며 그녀를 바라보았다.

"아직까지 경찰에서 혐의 사실에 대해서는 결론을 내리지는 않았는가 봐요."

그의 아내는 수건으로 눈물을 훔치며 말했다.

"그런 일이 있었군요. 정말 큰 어려움을 당하셨군요. 저는 그동안 전혀 모르고 있었습니다. 제가 회사를 나오고 나서 그쪽 소식을 통 듣지 못했습니다. 회사에 연락할 일도 없었고…."

그는 무슨 위로의 말을 꺼내야 할지 몰랐다. 그녀는 몇 마디 더 묻는 말에 대답을 하고는 시계를 올려보았다.

"먼저 가봐야 겠네요. 열차 시간이 다 된 것 같아서…."

그가 뭐라 말을 꺼내기도 전에 그녀는 핸드백을 들고 자리에서 일어섰다. 그리고 아직 마시지 못한 차를 두고 그녀는 커피숍을 조용히 걸어나갔다. 그는 그녀의 뒷모습을 보고 있다가 다시 자리에 앉았다. '무슨 일이 있었던 것일까?' 그는 인정받고 있는 유능한 사원이었다. 은혜를 원수로 갚을 그런 위인은 결코 아니었다. '그러면…' 며칠을 곰곰이 생각했지만 어떤 결론에 도달할 수는 없었다.

그런 일이 있은 며칠 뒤 그는 회사 근무 시에 죽은 인규와 같은 부서에 근무하던 후배 형석을 회사 근처 식당에서 만났다. 점심식사를 마치고 나와서 인근 찻집에 마주 앉았을 때까지 둘은 별 말이 없었다.

"얼마 전에 인규에게 무슨 일이 있었던 것 같아서 궁금해서 만나자고 했어."

형석은 양복 호주머니에서 담배를 꺼내 불을 붙였다. 그리고는 깊이 들이마셨다. 조그만 불꽃이 이글거리며 타 들어갔다. 그는 오랜만에 맡아보는 담배 냄새라고 생각했다.

"누군가 고의로 감사실에 정보를 넣었던 것 같습니다. 저쪽 회사에 인규 씨 이름으로 자료를 넘긴 것 같은데 경찰에서는 회사 간의 일로 보고 크게 개입하지 않는 눈치입니다."

"그래도 이런 큰일이 있었다면 누구 소행인지 알아봤을 것 같은데 말이야?"

그는 기가 막히다는 듯 말했다.

"……."

"무슨 말 못할 이유라도 있는 거야?"

형석은 대답 대신 다시 담배를 입에 물고는 이번에는 탁자 아래로 담배 연기를 내뿜었다. 담배연기가 바닥에 넓게 깔렸다가 안개처럼 사라졌다.

"글쎄요, 우리 회사에서도 처음에는 적극적으로 범인을 색출하려고 했고 그러다 보니까 경찰에까지 의뢰를 했겠지만 지금은 그냥 덮어놓고 있는 실정입니다. 그나저나 죽은 사람만 불쌍하지요."

그는 누웠던 자리에서 일어나 앉아 물을 한 모금 더 마신 뒤 배낭을 메고 일어섰다. 순간적으로 머리가 어지러웠다. 또 어지럼증이 시작되나보다. 그는 나무를 붙잡고 얼마 동안 그대로 서 있었다. 오늘은 그만 내려가는 게 좋겠다고 생각했다. 산을 오르다 보면 몸이 무거운 날이 있었다. 그런 날 무리를 해서 산을 오를 이유가 없었다. 그는 천천히 오던 길을 되돌아 내려오기 시작했다.

산을 내려와 버스를 타기 위해 정류장으로 걷던 중 그는 인규 아내를 만나야겠다는 생각이 들었다. '어떻게 지내고 있을까? 그동안 직장을 구한다는 핑계로 너무 소홀하지는 않았을까?' 저번 서울역에서 보았던 여윈 모습에 눈물짓던 모습이 떠올랐다. '서울에는 올라왔을까?' 그는 서울역에서 그녀와 만나고 나서부터 아내와 한차례 다녀와야 하겠다는 생각을 하고 있었으나 아직까지 아내에게 말을 꺼내지 못했다. 차라리 혼자 다녀오는 것이 나을지도 몰랐다. 그는 시계를 보았다. 집에 가서 옷을 갈아입고 다녀오기에는 충분한 시간이었다.

예전에 수시로 드나든 곳이었지만 해를 넘긴 지금은 주택가 입구부터 조금 달라져 있었다. 예전 애들 과자 종류를 놓고 팔던 조그맣던 가게는 옆 부지를 추가로 구입했는지 대형 슈퍼로 탈바꿈을 해 있었다. 요즘에는 뭐든지 크게 해야 된다던 말이 생각났다.

동네 구멍가게도 예외는 아닌 모양이었다. 워낙 비슷한 가게들이 많이 생기다보니 사람들은 단돈 몇 원이 싸더라도 그쪽으로 몰리는 것이 어떻게 보면 당연한 일이기도 했다. 그는 뭘 사 들고 가야겠다고 생각하고 슈퍼에 들어갔다. 오십 중반을 넘긴 듯한 뚱뚱한 몸매의 여자가 계산대에 서 있다가 건성으로 인사를 했다. 그가 무엇을 사면 좋을 지 매장 사이를 다니는 사이 그 여자가 곁에 다가왔다.

"안 보던 분인 것 같은데 어디 다니러 오셨나 봐요?"

주인 여자가 웃으며 말했다.

"예, 누굴 좀 만날까 해서…."

그는 어쩌면 주인여자를 통하여 그녀의 소식을 알 수 있을지도 모른다는 생각이 들었다.

"요 앞 두 번째 골목에 파란 대문 집을 혹시 아십니까?"

주인여자는 그를 올려 보았다. 그 눈초리는 의심의 구석이 역력했다.

"과거 같은 회사에 다니던 친구 집입니다. 작년에 몇 번 다녀가기도 했는데 제가 직장을 그만두고 한동안 못 만나 궁금하던 차에 들렀습니다. 듣자 하니 친구가 얼마 전 죽었다는 말이 있어서 이렇게 다니러 왔습니다."

주인여자는 갑자기 주위를 둘러보더니 음성을 낮추었다.

"그래, 젊은 양반. 댁이 지금 그 여자를 만나러 왔다는 말이우?"

"예, 그 동안 못 찾아봐서… 그리고 너무 소홀했던 것 같기도 하고 해서….”

그는 자신이 괜히 죄인처럼 여겨졌다.

“그렇다면 그냥 돌아가는 게 낫겠네요. 모르긴 하지만 그 처자도 댁을 만날 처지가 아닐 것 같네요.”

그는 의아해 하며 그녀를 바라보았다. 주인여자는 퉁명스럽게 말했다.

“제 신랑 죽게 만든 년인데 만나서 뭐 할려구요.”

“제 친구는 회사 일로 죽은 것으로 알고 있습니다만… .”

“젊은 양반이 뭘 모르고 오셨네, 그 여자 꽤 오래 전부터 웬 사내와 바람이 나 가지고 부부싸움을 얼마나 했는데 그래요, 집을 내놓았다니까 곧 이사를 가겠지…. 그런 년은 동네에서 쫓아내기 전에 빨리 이사를 가던지 해야지. 동네 창피해서….”

주인여자는 화가 난 듯 언성을 높여서 말했다.

“그렇다면 그 상대방 남자는 누군지 혹시 아십니까?”

그는 혼란한 상태가 되어 주인여자의 대답을 기다렸다. 그 여자는 카운터 곁에 놓인 주전자를 집더니 꼭지째 입을 대고 물을 들이켰다.

“뭐, 그 회사에 다니던 사람이라고 하던데 키가 조금 후리후리하고 경상도 말씨를 쓰는… 종종 왔다 갔어요. 신랑이 죽기 전에는 뜸하더니만 요샌 터놓고 만나는 것 같아. 며칠 전에도 왔다갔지 아마….”

그는 가게를 나왔다. 멀리 서쪽하늘에 한낮을 달구었던 태양의 마지막 흔적이듯이 한줄기 빛이 비쳐왔다. 그는 고개를 들어 햇빛에 눈을 찡그리며 기울어 가는 태양을 바라보았다. 언제 만들어졌는지 가느다란 검은 구름 사이로 빛이 한 가닥 빠져 나와 길게 늘어뜨리고 있었다.

길거리를 따라 걸어 내려왔다. 초등학교 담장을 따라 내려오면서 운동장을 바라보았다. 축구시합을 벌이는 모양으로 아이들이 열댓 명 축구공을 가운데 두고 우르르 몰려 다녔다.

불현듯 그의 머리속에 언젠가 인규가 했던 말이 생각났다. 평소 집안 얘기를 극도로 꺼렸던 그였다. 그날 저녁 회사에서는 직원회식이 있었고 몇 군데를 더 거치면서 만취가 되어 모두들 헤어진 뒤 그와 둘이서 시장 근처 포장마차에 마주 앉아 뜨거운 국물로 속을 달래고 있을 때였다.

"요즘 아내가 이상해, 딴 남자가 생긴 것 같아… 왜 그런지 모르겠어. 곧 무슨 일이 생기고 말 것만 같아."

그리고는 혼잣말처럼 희미하게 중얼거렸다.

"김 대리, 그놈일지도 몰라."

그의 발 앞으로 축구공이 굴러왔다. 공이 날아온 쪽으로 고개를 돌렸다. 학교 운동장에서 모두들 이쪽을 향해 서 있는 사이 한 학생이 큰 소리로 "아저씨, 공 이쪽으로 차 주세요." 하며 뛰어왔다. 그는 뛰어오는 학생을 물끄러미 바라보았다. 학생은 헐레벌떡 뛰어와서는 원망 섞인 눈길을 한번 주고는 공을 멀리 운동장으로 차서 보내고는 그쪽으로 뛰어갔다.

그의 머릿속은 복잡했으나 의문은 조금씩 풀리기 시작했다. 오랫동안 생각했던 일들이 이제 그 비밀의 문들을 열어놓기 시작했다. 그러나 그는 또한 서둘러 그 문들을 닫아야 할 것으로 생각했다. 우리가 어떤 일이 풀리지 않아 답답해 할 때 그 일을 해결하기 위해 백방으로 노력했지만 그러나 그 결과가 애초에 기대하는 것이 아니었을 때 우리는 입을 굳게 닫는 것 외에 어떻게 행동할 수 있을까? 그래서 이제 그도 어쩔 수 없이 침묵할 수밖에 없다고 생각했다. 삶에 있어 우리는 숱한 문들을 만나지만 그러나 들어서지 못하고 그 자리에서 아쉽게 돌아서야 할 때도 많을 것이라는 생각을 했다. 또한 그에게 있어 지금은 무엇보다도 일자리를 알아보는 일이 시급하다고 생각했다.

그는 버스를 탈 생각도 없이 터벅터벅 인도를 따라 걸어 내려갔다. 이제 어둑해진 공간을 타고 도시의 네온들이 일제히 밤을 밝히기 시작하였다.

만남 그 이후

늦은 시간 병원 문을 나서면서 그녀는 버릇처럼 시계를 올려보았다. 밤 8시 20분, 요즘은 환절기라서 그런지 감기와 같은 가벼운 증세로 병원을 찾는 외래환자가 늘고 더구나 같이 일하던 간호원 K양이 시골의 어머니가 아프다는 소식을 듣고는 고향에 내려가 당분간 나오지 못하고 있던 참이라 정시에 퇴근하기는 어려웠다.

아침부터 몰려드는 환자들에게 병원에서는 늘 친절하게 대하라고 말끝마다 주문이 이어지지만 오전이 지나기도 전에 사람들에게 부대끼어 몸은 지칠대로 지쳐버려서 환자들이 묻는 말에 대답만 하기에도 벅찰 정도였다. 더군다나 어린애들과 같이 온 아주머니들은 순서를 기다리면서 평소 안면이 있는 사람들과 잡담을 하거나 비치해 둔 잡지를 보느라 정신이 팔려서 애들이 장난을 치면서 돌아다니거나 아니면 휴게실 정수기 물을 마시는 얇은 종이컵 사용방법을 몰라 바닥에 흘리기도 하고 소파 위에서 제 또래들이

랑 뒹굴어도 제재를 하지 않아 바닥에 자빠지거나 넘어져 울기도 하고 이상한 괴성을 지르기도 해서 그럴 때마다 그녀의 정신을 쏙 빼놓는 것 같았다.

그녀는 걸어서 20분 정도 떨어진 집으로 바쁜 걸음을 떼다가 인근 슈퍼의 식품매장에 들러서 애 분유와 반찬거리를 대충 챙겨 나왔다. 애는 저녁을 먹였을까, 오늘은 많이 보채지 않았을까 싶은 생각에 아파트에 이르러 단숨에 3층 아파트 계단을 올라 초인종을 누르려다 말고 도어를 돌려본다. 문는 쉽게 열렸다.

"당신 이제 왔어?"

그녀의 남편이 책상 앞에 앉아 있다가 문 쪽을 향하여 쳐다보지도 않고 말했다. 그는 책에 정신이 팔려 있었다. 이제 겨우 돌을 넘긴 딸아이는 거실 소파에 엎드려서 자고 있는 모습이 보였다. 옆으로는 이유식 그릇이 보였고 먹다만 음식이 큰 스푼과 함께 반쯤 남아 있었다. 낮 시간 동안 애를 돌보던 여자는 저녁 6시쯤 제 엄마도 아닌 아빠에게 애를 넘겨주면서 미안해하며 돌아갔으리라. 남편에게는 미리 일 때문에 애를 당분간 봐주어야겠다고 말했으니까 그 시간 전후로 집으로 와서 애를 맡았으리라. 그래서였는지 요즈음 들어서 애는 잘 먹지도 않고 부쩍 엄마를 찾았다. 밤에 자다가도 그녀는 애가 울면서 엄마를 다급하게 부르는 꿈을 꾸어서 깜짝 놀라 깬 적이 한두 번이 아니었다.

그녀는 분유랑 찬거리를 식탁에 올려두고 자고 있는 애를 보듬었다. 애는 새록새록 잠들어 있었다. 언제 보챘는지 아니면 울었는지 눈 주위와 볼에 눈물자국이 얼룩져 있었다. 순간 가엽다는 생각이 들어서 그대로 잠시 볼을 한번 비벼주고는 그대로 흔들침대에 뉘었다. 잠시 저렇게 자다가 한밤에 깨어서 일어나면 어쩌나 하는 걱정이 들었다.

"여보, 배고프지. 조금만 기다려, 곧 밥 차려줄게."

그녀는 대충 외출복을 갈아입고 부엌에서 식사준비를 했다. 식탁 위에는 며칠 전 그녀의 생일날 남편으로부터 받았던 장미 몇 송이가 담긴 컵에 물이 없었는지 말라가고 있었고 아래로는 쓰고 버린 1회용 기저귀가 새것과 함께 널려 있었다.

"오늘, 도서관 외에 어디 다녀온 데는 없었어요?"

그는 기척이 없이 계속 책을 보았다. 그녀는 그의 심기를 상하게 할 것 같아 궁금한 것을 몇 가지 더 물어보려다가 그만두고는 늦은 저녁을 차리기에 분주했다.

결혼을 한 지도 벌써 3년을 접어들고 있었지만 그는 아직 직장을 잡지 못하고 있었다. 아니 직장을 잡을 생각을 하지 않고 있다고 하는 편이 더 나은 표현인지도 몰랐다. 그는 결혼하고 지금까지 계속 공부에만 전념하고 있었으니까. 당초 그는 유망한 사시 지망생이었다. 그 때문인지 그녀의 어머니는 소개가 들어오자마자 그녀에게 맞선을 권했고 그녀의 생각과는 관계없이 서둘러 한 결혼이었다. 하지만 그의 계속되는 낙방으로 집안 분위기는 냉랭하기만 했다. 이젠 애들 때문에라도 포기를 하고 직장을 잡아주었으면 하고 그녀는 몇 번 말을 꺼냈지만 그로부터 포기할 수 없다는 단호한 얘기를 들었을 뿐이었다. 그녀의 수입으로 모든 생활비를 충당하고 있었으나 그의 교재 구입과 용돈까지 챙겨야 하는 부담은 그녀를 늘 초조하게 만들었다. 얼마 전 아파트 임대료를 올려달라는 연락이 왔을 때에도 그녀는 남편에게 한마디도 말하지 못했다. 괜히 돈 나올 구멍도 없는 사람에게 얘기를 했다가 오히려 심적인 부담만 줄 것 같은 생각에 혼자서 직장과 친구들을 통해 처리해야 했다. 그런 식으로 알게 모르게 빚은 조금씩 불어갔다. 그녀는 처음 몇 번 친정어머니에게 얘기하고는 했지만 그 자체가 누구에게도 도움이 되지 않는다는 것을 깨닫고 나서는 혼자 속으로만 삭이기로 했다. 그녀는 밥통을 꺼내고 국을 데우고 냉장고 반찬들을 식탁에 올려놓았다.

"여보, 식사하세요."

그는 그 나름대로 자존심을 상한 때문인지 그녀에게 다정다감하던 예전의 모습은 보이지 않았고 조금이라도 마음이 상하면 언성을 높이고는 했는데 그러면 그녀는 같이 다툴 생각은 하지도 못하고 울고 있는 애를 데리고 밖으로 나왔다가 진정이 되면 들어가고는 했다.

그는 보던 책을 엎어놓고 식탁으로 오면서 무덤덤하게 말했다.

"장모님이 전화 좀 넣어 달래."

그녀는 그의 얼굴을 쳐다보았다. 며칠째 면도를 하지 않은 모습에 광대뼈가 나온 얼굴은 실제나이보다 10여 년 정도 더 들어 보였다.

"언제 왔었는데?"

그가 식탁에 앉자마자 생각난 듯 다시 일어나 냉장고로 걸어가 찬물을 한 컵 가득 담아와 앉았다.

"응, 한 두어 시간 된 것 같네."

그가 물을 마시는데 목젖이 위 아래로 흔들렸다.

"다른 얘긴 없었어요?"

그가 컵을 내려놓으며 그녀를 쳐다보았다. 그녀는 괜한 질문을 했다는 생각이 들었다. "저번에 엄마가 어디가 아프다고 하신 것 같아서…."하면서 말꼬리를 흐렸다. 등에서 식은땀이 났다. 그는 밥을 먹는 둥 마는 둥 몇 술을 뜨다 말고 다시 물을 벌컥벌컥 들이켜고는 자리에서 일어났다.

"왜, 좀 더 안 먹고…."

그가 거실 소파에 털썩 소리나게 앉으며 TV리모컨을 눌렀다.

"하는 일도 없이 밥만 축내는 것 같아서…."

순간 둘 사이에는 아무 말이 없었다. 방금 켠 TV에서는 요즘 한류로 뜨고 있는 젊은 여자 그룹의 가수들이 부르는 노래가 나오고 있었다.

"엄마, 아까 전화했었어요?"

그녀는 대충 설거지를 끝내고 방에 들어가 친정으로 전화를 걸었다.

"요즘 병원일이 많이 바쁘냐? 내일 시간 좀 낼 수 있겠니?"

"알았어요, 점심시간에 틈을 좀 내 볼께요. 병원 앞에 1시에 나올 수 있으세요?"

그녀는 얼른 전화를 끊었다. 남편은 거실에서 TV를 보고 있지만 방에 귀를 세우고 있으리라.

"장모님이 뭐래?"

방에서 나와 욕실로 들어가려하자 그가 기다렸다는 듯이 물었다. 역시 그는 마음이 약해 있는 거야. 자기자리를 제대로 지키지 못하는 자들이 가지는 불안감, 그리고 남들이 자기 결점을 얘기하지 않을까 하는 생각으로 남편은 지금 눈치를 보고 있는 것인지도 몰라. 생각이 여기에 이르자 갑자기 남편이 측은해지고 불쌍해서 견딜 수가 없었다. 그러나 그녀는 마음이 약해지면 안된다고 생각했다.

"그냥, 반찬 좀 갖다 먹으라고…."

그녀는 말을 둘러대고 욕실로 들어가는데 알 수 없는 눈물이 났다. 왜 눈물이 날까 바보같이. 그가 눈치채지 못하게 수도꼭지를 크게 틀고 조금 훌쩍거렸다. 왜 이렇게 서러워지는 것일까? 내가 전적으로 선택한 결혼은 아니었지만 그래도 암묵적으로는 이 결혼에 동의했던 것은 아닐까. 그렇게 지금까지 딸 하나를 낳고 살아오는 동안 그를 믿어오지 않았던가. 그가 힘들고 어려운 지금 나는 그의 아내로서 그를 위로하며 그의 동반자가 되어야 하지 않는가. 그런데 나는 왜 내가 위로받아야 할 사람처럼 서러운 것일까. 고개를 들어 거울을 보았다. 거울에는 어디서 본 듯한 여인이 눈물을 주르르 흘리며 그녀를 쳐다보고 있었다.

"어제 몇 번 병원에 전화를 했더니 바빠서 바꿔줄 수 없다고 해서 집으로 전화를 했다. 이 서방 별말 안 하든?"

이튿날 낮 그녀가 시간에 맞춰 병원 문을 열고 나서자 그녀의 어머니는 병원 앞 가로등 앞에 서서 병원 쪽을 바라보고 있다가 대뜸 그의 이야기부터 물었다.

"엄마, 이제 우리 그이 얘기 좀 안 할 수 없어?"

그녀는 신경질적인 반응을 보이며 퉁명스럽게 말했다. 어머니는 딸의 얼굴을 바라보다가 천천히 말했다.

"그래, 다 내 잘못이다. 내가 그때 네 말을 들어야 했는데…."

"엄마, 왜 지금 그 얘기를 또 하고 그래."

그녀의 음성이 높아졌다.

"지금 내가 엄마 그 말을 들으려고 나온 게 아니잖아, 맨날 이 서방, 이 서방. 이젠 듣기 지겨워서 그래, 이 서방이 뭘 어쨌는데…."

그녀의 가슴 저 안에서부터 맺혀 있었던 눈물이 눈물샘을 타고 와 눈가로 흐르려는 것을 간신히 참았다. '무슨 눈물이 이렇게 흔할까. 영화배우나 탤런트들은 슬픈 장면을 찍을 때 눈물 대신 안약을 넣기도 한다는데 나는 왜 이리 눈물이 흔한 걸까?'

"그래, 미안하다. 내가 괜히 쓸데없는 말을 했나보다."

둘 사이의 잠시 서먹한 분위기에서 그녀가 먼저 입을 열었다.

"요즘 아빠는 잘 지내시구요?"

보행등에 파란불이 들어오자 길 건너편에서 이쪽으로 사방을 두리번거리면서 바삐 걸어오고 있는 목발을 짚은 중년의 남자를 물끄러미 보고 있던 그녀의 어머니는 그녀의 말에 정신을 차린 듯 그녀를 쳐다보면서 말했다.

"네 아버지야 늘 그렇지 뭐. 그건 그렇고 너도 빨리 들어가 봐야겠지. 자 받아라, 네 아버지가 전해 주라고 해서 네 얼굴도 볼 겸 겸사겸사 만나자고 했다."

그러면서 옆에 놓아두었던 보따리를 집어 들었다. 분홍색 보따리는 부피에 비해 무거워 보였다.

"뭐예요?"

그녀가 받으려다 말고 어머니의 얼굴을 쳐다보았다.

"네 아버지가 얼마 전에 고향 읍내에 갔다 오시면서 네 약을 좀 지어왔기에 이렇게 가져왔다. 몸이라도 성해야 병원 일도 잘 볼 것 아니냐."

저번 명절에 그녀 부부는 부모님을 만나 뵈었을 때 아버지는 아무 말이 없었다. 평소 과묵하기로 소문난 그녀의 아버지는 그녀와 단둘이 되었을 때 그녀의 손을 잡고는 말했다.

"네가 고생이 많다."

그러고는 다음 날 집을 떠날 때까지 말 한마디 없으셨던 아버지.

퇴직 후 얼마 되지 않는 연금으로 생활하시는 늙은 내외가 무슨 돈이 있어 이렇게 약을 지어 왔을까? 그녀는 눈물이 날 것 같아 입을 굳게 다물었다.

"갈란다. 들어가 봐라. 시간 내서 한 번씩 전화라도 하렴."

그녀의 어머니는 신호등이 바뀌는 것을 보면서 그녀의 어깨를 한번 툭 치고는 빠르게 길을 건넜다. 길을 다 건넌 어머니가 돌아서서 들어가라는 손짓을 하고는 금세 길거리 인파들 속으로 사라졌다. 그녀는 오랫동안 그 자리에 서 있었다. 스쳐가는 사람들이 그녀와 곁에 있는 분홍색 보따리를 한 번씩 보면서 지나갔다.

그날 저녁 그녀는 말다툼을 했다. 어머니를 만나고부터 우울했던 기분은 저녁때까지 계속되었고 그런 그녀를 처음에는 본체만체하더니 시간이 조금 지나자 언성을 높였다.

"왜 그래, 사람 좀 편하게 해주면 안돼?"

그 순간 그녀는 그동안 속으로 참고 있던 말들이 밖으로 쏟아져 나오기 시작했다.

"그래, 나도 신랑이 밖에서 벌어주는 돈으로 살고 싶어. 왜? 내 생각이 잘못된 거야? 난 그렇게 살면 안돼? 난 하루하루가 너무 힘들어."

'그래, 여보 난 너무 피곤해. 나는 좀 쉬고 싶어. 그리고 나도 다른 친구들처럼 경제적으로 부유하지는 못하다고 하더라도 적어도 돈 걱정 하지 않고 살았으면 좋겠어. 난 이 생활이 너무 힘들어. 여

보, 난 자꾸만 주저앉고 싶어. 좀 붙잡아 줘. 옆에서 쓰러지지 않게 단단히 붙잡아 줘, 여보.'

"그래서 어쩌겠다는 말이야. 이제 헤어지기라도 하잔 말이야?"

그녀는 정신이 번쩍 들었다. 헤어지자라니, 이제 와서 헤어지자라니, 우리가 살아온 날들이 그렇게 하찮은 것이었을까? 그랬구나. 그는 나 몰래 헤어질 수도 있다는 생각을 했었구나. 방에서 애 울음소리가 났다. 그녀는 얼른 방으로 들어가 애를 보듬었다. 딸애는 자고 있다가 놀라 깼는지 달래보아도 울음을 그치지 않았다. 그녀는 서둘러 외투를 걸치고 지갑을 찾아 집을 나섰다.

병원에 도착하여 처방해 준 약을 먹고 애는 잠이 들었다. 응급실 한쪽에 만들어 놓은 간이 침대에서 잠들어 있는 딸애를 서서 물끄러미 쳐다보고 있던 그녀는 옆에 있던 둥근 간이의자를 당겨 앉았다. 갑자기 시야가 흐려지면서 눈시울이 뜨거워지더니 눈물이 흐르기 시작했다. 그녀는 애써 눈물을 참으며 응급실을 나와 근처 옥상으로 향하는 계단을 올라갔다. 캄캄한 밤 아무도 없이 비상구 불빛만이 희미한 계단에 앉아 그녀는 이때껏 울어보지 못한 울음을 토하기 시작했다. 가슴속 깊은 곳에서 목구멍을 타고 울려나오는 소리, 그것은 하나의 쾌감과도 같은 것이었다. 그녀는 오랫동안 꺼억꺼억 울었다.

낯선 곳으로의 여행

I

겨울을 재촉하는 비가 며칠째 가늘게 내리고 있다. 비로 인해서 우중충한 건물과 질척해져 버린 인도를 조심스럽게 지나면서 사람들은 이번 비가 그치고 나면 추위가 본격적으로 시작될 것이라는 말들을 주고받았다. 올해 겨울은 예년에 비해 빨리 시작되고 추위도 한층 심할 것이라는 일기예보도 벌써 나와 있었다. 가진 것이 없는 사람들에게 겨울은 늘 견디기 어려운 계절이었다. 연말을 앞두고 양로원 같은 복지시설에서는 시중 경기가 어려워지자 후원자가 급격히 줄었다는 방송이 나오기도 했다. 그 당시 TV에 나온 어느 양로원 원장은 거의 벗겨진 이마에 개기름이 잔뜩 낀 얼굴로 정부 보조금만으로는 한계가 있으니 어렵더라도 모두들 내 부모를 생각하는 마음으로 적은 금액이라도 참여해 줄 것을 호소한다고 말했다.

통상 사람들은 추위가 오면 이런 복지시설 같은 곳만 생각했지 정작 도움이 절실한 개인들은 제대로 살펴보지 못하는 경우가 많다. 오늘 벌어야 오늘 먹을 수 있는 사람들도 이 땅에는 아마 부지기수일 것이다. 그들은 기본적인 가정을 이루고 있지만 먹고살 수 있는 능력은 한계가 있는 사람들이다. 생활보호 대상자도 그들 중의 하나다. 그도 동사무소로부터 새로 변경된 국민기초생활 보장법에 따라 의료보호 1종으로 지정되어 매월 십오만 원을 받아오고 있으나 먹고 지내기에는 항상 벅찼다.

그는 앞에 놓인 물건들을 챙기기 시작한다. 물건이래야 중국제 플라스틱 손목시계와 계산기 스무여 개가 전부여서 낡아서 색이 바랜 여행용 비닐가방에 바닥에 펴는 작은 카펫까지 둘둘 말아 넣으면 그만이다. 날이 어두워지기 시작했으므로 잠시 후에는 지하도 입구까지 불이 환하게 들어올 테지만 저녁으로는 장사가 안 된다는 것을 경험으로 알고 있으므로 굳이 저녁 식사시간까지 늦춰가며 자리를 지킬 필요는 없다고 생각한다. 더구나 비까지 추적추적 내리는 날에는 온종일 공치는 경우가 많았다. 경기가 어렵다는 것을 얼마 전부터 나름대로 느끼곤 한다. 과거 세월이 좋을 때는 길거리를 지나거나 주부들이 장을 보러 나왔다가 싼 맛에 자녀들에게 하나씩 사주기도 했지만 요즘에는 영 판매가 신통치 않았다.

그는 오른쪽 조금 떨어진 광고지 가판대 옆에 앉아 신문을 보고 있던 이씨를 돌아본다. 이씨는 움직이는 장난감을 팔고 있다. 그의 앞에는 새로 건전지를 바꾼 오리 몇 마리가 좁은 공간을 맴돌고 있다. 원숭이 한 마리는 우－ 하는 소리까지 내며 오른쪽 긴 손을 땅바닥에 대고 빙글빙글 돌고 있다. 건성으로 신문을 보고 있던 이씨가 기다렸다는 듯 고개를 이쪽으로 돌리며 "이제 그만 갑시다. 오늘은 밥값도 못했네."하며 툴툴거린다. 그는 맞장구를 치면서 가방을 어깨에 걸치고 목발을 짚고는 천천히 자리에서 일어난다.

이제 장시간 앉아 있는 일에도 익숙했으나 나이가 들어가는 것인지 오른쪽 다리가 묵직하니 자주 통증이 일었다. 일어나면서 다리를 펴면 근육이 당기는 것처럼 아프다. 한쪽 다리로만 몸을 지탱하다보니 통증이 오는 것도 무리가 아니라고 생각한다.

그는 그 외에도 몇 가지 고질적인 병을 가지고 있으나 그렇게 심하지 않으므로 치료에 그다지 신경을 쓰지 않는다. 간혹 뒷골이 무겁거나 어지러우면 혈압 약을 먹고는 했는데 병원에서는 혈압이 높으니 매일 계속해서 시간에 맞춰 먹으라고 권유했지만 이상이 없을 때는 먹지 않아도 그만일 것이라는 생각을 가지고 있다. 어차피 완치되지도 않을 병이라면 심할 때 한두 알 먹어주는 것만으로도 충분한 것으로 여긴다.

또 있다. 과거 작업장에서 사고를 당해 몇 차례에 걸쳐 수술했던 다리가 삼십여 년이 지난 지금에 와서도 당시 절단된 부위에서 조금씩 피고름이 나는 것도 신경은 쓰였으나 그러다가 낫겠지 대수롭지 않게 생각한다. 사고 당시 왼쪽 다리 무릎 위까지 절단했던 마당에 지금에 와서 그 이상 얼마나 더 악화되겠는가 하는 오기도 있다. 그는 몸이 편하면 아픈 곳이 생긴다는 생각을 가지고 있어서 부지런히 일에 매달리다 보면 병은 몸에 머물지 못하고 물러난다고 생각한다.

사고 당시 전기 기술자로 근무하던 그는 어느 날 회사 내 22.9 kV급 배전용 삼상변압기 교체작업을 하던 중 감전이 되었는데 사람들은 처음에는 살지 못할 것이라고 수군거렸다. 그가 생각하기에도 자신의 살이 타는 역겨운 냄새가 진동을 하면서 팔 다리가 자꾸만 쪼그라드는 것을 아득하게 느끼면서 병원 구급차에 실려 가던 일이 생각났다.

다행히 목숨은 건졌으나 그 뒤 그의 인생은 말이 아니었다. 한 순간의 사고로 이렇게 세상이 달라질 수도 있다는 것을 그때 처음 느꼈다. 스물여덟 한창 나이에 병원에 누워 아까운 세월을 보내야 했던 그는 서른을 한참 지나서 퇴원을 했다. 직접 전선에 닿은 왼쪽 다리는 절단하는 방법밖에 없었는데 절단 부위를 최소화하기 위해 그의 부모들은 의사에게 얼마나 애원을 했는지 몰랐다. 결국 무릎 위쪽을 절단하기로 했을 때 그는 차라리 사고 당시 그대로 죽지 않았음을 후회했다.

그것만이 아니었다. 눈의 신경계통 이상으로 왼쪽 눈의 시력이 급속히 악화되었다. 그리고는 몇 달을 넘기지 못하고 시력을 잃고 말았고 남아 있는 한쪽 눈도 조금씩 흐려져 갔다. 결혼을 전제로 양가의 허락을 받아 몇 년째 사귀던 여자와의 이별, 부모의 근심과 한숨, 주위의 따가운 시선, 어느 것 하나 그로서는 감당하기 어려웠다. 잠들 때마다 깨지 말고 그대로 영원히 저세상으로 갔으면 하고 바랬다. 그는 살고자 하는 대신 죽고자 노력했다. 늘 어떻게 하면 조용히 죽을 수 있을까 생각했다. 그러나 스스로 죽기도 어려웠다. 한때 그는 닥치는 대로 던지고 부수며 발악하기도 했지만 그것조차 쓸데없는 일이었다.

그리고 병원에서 은둔하듯 세월을 보냈다.

Ⅱ

집에 도착하기까지는 그로부터 40여 분이 지나서였다. 산 중턱 재개발지구로 지정된 동네는 이제 거의 다 떠나고 아직까지 이사를 미루고 있는 몇 세대만 남아 동네 전체가 음습한 분위기를 풍기고 있다. 얼마 전까지만 해도 쪽방에 세를 얻어 사는 사람들이 많았으므로 한시도 조용할 때가 없는 동네였다. 특히 밤늦은 시간까지 술에 취해 고성을 지르는 사람들이 한둘이 아니었고 여기저기 싸움판이 그칠 날이 없었다. 가진 것이 없는 사람들의 마음은 여유조차 없는 것일까? 그들은 툭하면 시간과 장소를 가리지 않고 싸웠다. 여자들은 조그마한 일에도 고래고래 소리를 지르며 머리채를 쥐어뜯었고 남자들은 술에 취하면 필요 이상으로 흥분하고는 했다. 그들은 대개 막노동을 하거나 여자들은 술집을 전전했다. 아침 동네 화장실은 늘 줄을 서야 했는데 간밤의 자잘한 일들이 사람들의 입에 오르내리는 장소이기도 했다.

동네 어귀에서 시작된 골목길을 따라 그는 시멘트 바닥이 군데군데 패여 웅덩이진 곳을 피해가며 조심스럽게 걸었으나 어둠 때문에 잘 보이지 않아 가끔 목발을 휘청대거나 웅덩이에 빠지기도 하고 진흙바닥을 밟기도 했다. 얼마 전까지만 해도 골목길을 비춰주던 가로등이 몇 개 있었으나 지금은 그마저도 끊겨서 흡사 동네가 아닌 시골 산길을 걷는 것과 같은 기분이다.

그는 걸어 올라오면서 이사를 떠난 집을 표시하기 위하여 붉은 락카로 담장 여기저기에 커다랗게 X 표시를 한 집들이 늘어난 것을 본다. 불과 2, 3일 사이에 제법 많은 가구들이 마을을 떠난 것 같다. 집까지 이르는 길을 미끄러지지 않기 위해서 조심스럽게 걸었으므로 평소보다 훨씬 많은 시간이 걸린다. 집 앞에서 반쯤 열린 대문을 밀치고 들어설 때 비옷을 입었으나 그의 몸은 비로 흠뻑 젖어 있다. 그는 대문 옆 툇마루에 힘없이 걸터앉는다. 안방 환한 불빛 속에 주인 내외가 텔레비전을 틀어 놓았는지 뉴스를 보도하는 아나운서의 높은 톤이 들려온다.

주인 남자는 며칠 전 그가 들어오는 시간에 대문간에서 만나서는 최후 통첩을 하듯 단호하게 말했다.

“어디 집이나 알아보았는지 모르겠소. 이번 주 토요일이면 우리도 떠날 것 같소. 야박하게 들릴지 모르겠지만 그 뒤는 우리가 책임을 질 수가 없소. 우리가 나가는 날로 전기나 수도가 모두 끊긴다고 하니 무슨 다른 수를 써 봐야 될 것 같소.”

그가 갈 만한 곳을 알아보지 않은 것은 아니다. 그러나 서울바닥 어디에도 현재 가진 돈으로는 방 한 칸조차 얻기가 불가능했다. 누군가 재개발 지역에서는 전세를 살아도 보상이 나온다는 말을 했지만 주인 남자는 일체 그에 대해서는 일언반구가 없다. 그가 어렵잖게 확인을 해 본다 하더라도 주인남자로부터 얼마라도 받아 내기는 어렵다는 것을 알고 있다. 가방을 내리고 목발을 마루에 기대 놓았다. 그리고 일부러 헛기침을 몇 번 했다. 주인 내외가 바깥 인기척에 방문을 열고 그를 보고는 한마디 한다.

"이제 왔수? 다들 들어왔으니 대문은 잠그고 들어가시구랴."

그가 오랫동안의 병원생활을 끝내고 집으로 돌아왔을 때부터 가족들의 얼굴에서는 웃음이 사라졌다. 아래로 여동생이 둘이나 있었지만 집에서는 약속이나 한 듯 한결같이 어두운 표정이었다. 동생들은 간혹 웃다가도 그가 보이면 웃음을 그쳤다. 그로 인하여 가족은 더 이상 한마음이 아닌 듯했다. 당시 그에게 또다시 시작된 죽음의 유혹은 생각보다 강한 것이어서 항상 도처에서 그에게 손짓을 했고 무엇보다 책상 위에 수북하게 쌓여진 약을 하루에도 몇 번씩 시간에 맞춰 먹는 것은 견디기 어려운 고역이었다. 또한 약에 중독이 된 위장은 음식을 제대로 소화시키지 못하는지 몸은 갈수록 여위어져 갔다. 그는 집을 벗어나야만 했다. 어디로 갈 것인가? 그는 마땅히 갈 곳이 없었다. 그러나 그는 집을 떠나야 한다고 생각했고 그 후 3개월 만에 다리를 절며 새벽같이 집을 나섰다. 그리고 많은 세월이 흘렀다.

그도 한때는 꿈 같은 동거를 했었다. 청과물시장 주위에서 리어카를 끌고 커피나 음료수를 팔러 다니던 어느 아주머니의 소개로 만난 여자였다. 그녀는 어려서부터 부모 없이 고아원에 맡겨져 자랐는데 상업계 고등학교 졸업 후 처음으로 입사한 염색회사에서 야간 작업을 마치고 나오다가 음주운전 차량에 한쪽 다리를 잃었다고 했다. 심성이 착한 여자였다. 그녀는 따뜻하고 행복한 가정을 원했다. 큰돈도 필요 없었다. 오직 그들 둘이서 들어가 살 수 있는 조그마한 공간이면 족했던 여자였다. 그들은 정말 사랑했다. 몸이 불편한 것이 사랑의 장애가 될 수 없었음은 물론이었다. 그는 그녀를 만날 수 있었음을 신에게 진심으로 감사했다. 당시 그녀는 그에게 있어 구세주와 같은 존재였다. 사람이란 참으로 묘한 것이다. 그는 어떻게 살아야 할 것인지를 생각했다. 그러나 현실적으로 그녀의 마음을 따뜻하게 채워 줄 수 있는 것들이 자신에게는 늘 부족하다고 생각했다. 그래서 더 뜨겁게 사랑했는지도 몰랐다.

그 당시 그는 자리를 옮겨 시장바닥에서 때미는 수건이나 고무장갑 따위를 놓고 판매했는데 인근 불량배들에게 매주 상당금액을 뜯겨야 했다. 그들은 시장을 장악하고 자릿세 명목으로 돈을 뜯어갔다. 누구도 대들거나 이의를 제기하는 사람은 없었다. 섣불리 그들에게 대들었다가는 시장에 발을 붙일 수 없는 것은 물론 때로는 큰 상처를 입기도 했다. 저들은 경찰은 물론 그 윗선하고도 통하기 때문에 그저 시키는 대로 하는 것이 좋을 거라는 소문이 나

돌기도 했는데 전혀 근거가 없는 얘기는 아니었다. 누군가가 자릿세를 내는 것은 부당하다며 파출소에 신고를 했던 적이 있었는데 그는 이튿날부터 보이지 않았고 그들은 여전히 건재했던 것이다. 오히려 그때 옆에서 동조했던 사람이 있던 것 같다며 사람들을 괴롭혔고 시장 장사치들은 울며 겨자 먹는 식으로 경찰 수습비 명목의 돈을 얼마씩 더 뜯겨야 했다.

장사가 잘 되면 문제가 없었지만 장사가 어려울 때에는 큰 부담이 되었다. 그들은 평소 월요일 오후에 그들의 말대로 시장 운영비를 받아갔는데 형편이 어려울 경우 단 한번 그 날짜를 연기해 주었고 기간은 길어야 일주일이었는데 일주일의 이자가 원금과 맞먹을 정도였다. 그래서 가능하면 모두들 제 날짜에 내려고 했다. 그러나 하루 벌어 하루 먹고사는 사람들이 개인적으로 매일 돈을 얼마씩 떼어놓을 수는 없는 노릇이었고 대부분은 금요일이나 토요일부터 별도로 벌어서 충당을 했는데 그래도 부족할 때에는 서로가 조금씩 도와주기도 했다.

그가 과거에 다친 다리의 후유증으로 병원에 다니는 기간 동안 시장에 2, 3일을 나가지 못했던 때가 있었다. 그는 처음에는 그 기간만큼을 제외하고 받아 가는 것으로 생각했으나 그렇지 않다는 것을 뒤늦게 알고는 사정을 말했으나 이쪽의 형편은 전혀 고려대상이 되지 않았다. 따지고 들다가 간단없이 구두에 채였다. 아물어가던 상처에서 살이 터지고 팔던 물건은 구두에 짓이겨졌다. 그는 악을 질렀다. 그러나 돌아오는 것은 발길질과 욕설뿐이었다. 그들은 한 주일을 연기해 준다면서 돌아갔다.

주변에 있던 사람들이 그들이 돌아가고 나서 주위에 둘러서서 혀를 끌끌 차며 상처 부위를 닦아주고 팔던 물건들을 챙겨주었지만 쓸 수 있는 것은 별로 없었다. 그리고 다시 병원생활이 시작되었다. 그렇게 장사를 해 보지도 못하고 그들이 말했던 일주일이 금방 흘렀다. 그날도 병원에서 치료를 끝내고 집으로 들어갔을 때 임신 5개월이던 아내는 아수라장이 된 방 한 켠에서 아랫도리가 벗겨진 채 얼굴이 하얗게 질려 있었다.

그는 치를 떨었다. 그는 실신한 아내의 상체를 잡아 흔들었다. 입술을 모질게 깨물었다. 그러나 그는 약하고 무능했다. 아내를 위해 아니 그 자신을 위해서도 방어할 수 있는 것이 아무것도 없음을 알고 그는 깊이 절망했다. 그녀는 유산을 하고 말았다. 그리고는 조금씩 변해 갔다. 생각에 잠긴 듯 한동안 말이 없다가도 사람을 보면 뜻 없이 빙그레 웃었다. 그러다가 다시 겁에 질린 듯 두려워하기도 하고 소리 죽여 울기도 했다.

그는 처음에는 그런 그녀가 불쌍해서 견딜 수 없었다. 그럴 때마다 잡아 흔들어 보기도 하고 품에 꼭 껴안기도 했으나 날이 갈수록 그 증상은 심해졌다. 병원에서는 정신과 치료를 받아야 한다고 했지만 그럴 만한 여유가 없었다. 그는 다시 과거로 돌아가는 것 같아 절규했다. 그녀에게 있어 초기에는 그러한 증세가 이따금 나타났으나 차츰 일상화되어갔고 나중에는 외출을 하려고 하지 않았다. 밤에도 불을 켜지 않고 방구석에 혼자 쭈그려 앉아 있기도 했다. 정상적인 생활은 불가능했다.

그리고 언제부터인가는 무엇이든 먹을 것을 찾아 입에 쑤셔 넣고는 했다. 항상 배가 고프다고 했다. 그러다가 음식을 보면 게걸스럽게 먹었다. 옆의 사람은 안중에도 없었다. 점점 생활은 어려워졌고 대화는 불가능했다. 그녀는 집안에 먹을 것이 부족했는지 밖을 돌았다. 그러나 그는 언성을 높이고 나무랄 수도 없었다. 그의 목소리가 조금이라도 높아지려고 하면 그녀는 벌벌 떨면서 살려달라고 애원하며 다리를 붙들고 매달렸다. 눈물방울이 금세 방울방울 떨어지고 심한 한기를 느끼는 듯 몸을 부르르 떨었다.

Ⅲ

그는 방에 들어서서 오른손을 들어 공중을 더듬다가 가까스로 백열등 스위치를 잡고는 옆으로 손잡이를 돌린다. 30촉 희미한 전구가 불을 밝힌다. 어둠에 감춰져 있던 조그마한 방 여기저기에 잡다한 세간들이 조명 가운데 나뒹굴고 있다. 값나가는 물건은 찾아볼 수 없다. 방에 있는 물건 거의가 시장 상인들이며 이웃들이 모아준 것들이다. 빨갛게 불이 들어와 있는 압력밥솥이 눈에 들어온다. 신혼 시절 그녀와 함께 샀던 유일한 물건이다. 그녀는 늘 밥이 맛이 있어야 몸이 건강하다면서 압력밥솥을 원했다. 그렇지만 그들이 어렵사리 압력밥솥을 구입한 이후 변변히 써 보지도 못하고 그녀는 이 세상을 떠났다.

그는 방바닥에 주저앉으면서 비에 젖은 옷을 윗도리부터 주섬주섬 벗는다. 허물을 벗듯 비 때문에 살에 달라붙어 잘 떨어지지 않는 옷을 조심스럽게 단추를 풀고 바지는 허리춤부터 천천히 벗겨 내었다. 차가운 냉기가 방바닥을 차고 올라왔다. 몸이 추위 때문에 굳어져서 마음과는 달리 옷은 쉽사리 벗겨지지 않는다. 기름보일러는 한달 넘게 고장이 나 있었지만 주인은 곧 이사를 가야 한다는 말로 수리를 대신했다. 그는 어렵사리 옷을 벗고 옆에 있던 마른 수건으로 대충 몸을 닦았다.

추위 때문에 이가 마주치는 소리를 냈다. 플라스틱 바구니를 뒤져 속옷을 꺼낸다. 러닝셔츠는 찾다가 보이지 않자 두꺼운 내복을 바로 껴입는다. 발이 시려서 두꺼운 양말을 꺼내 신고는 발가락을 돌아가면서 골고루 주물러본다. 몸을 웅크리고 부엌 쪽을 바라보다가 엊저녁에 마시다가 남겨진 소주병을 발견한다.

그는 요즘 들어 몸을 따뜻하게 할 요량으로 소주를 사놓고 마시고 있었다. 익숙한 솜씨로 양팔을 이용하여 엉금엉금 앉은 자세로 기어가서 소주병을 오른손으로 낚아챈다. 그리고는 입으로 대충 막아놓은 뚜껑을 따고는 병째 들이켠다. 알싸하게 투명한 액체가 속을 훑으며 내려가는 것을 온몸으로 느낀다.

그녀는 죽으려고 그렇게 먹고자 했는지도 몰랐다. 본래 몸이 불편해 운동이라고는 못해 보았던 그녀가 그렇게 먹으려고 들다보니 몸은 균형을 잃고 질병에 대한 저항도 떨어졌다. 그녀는 자주 아픔을 호소했다. 그는 수시로 그녀와 병원을 드나들며 건강에 대해 당부했으나 그녀는 쉽게 그의 의도를 받아들이지 않았다. 그러다가 그 해 여름이 지날 무렵 인근 식당에서 얻어 온 삶은 돼지고기를 배부르게 먹고는 돌아오지 못할 저세상으로 갔다. 그녀에게 돼지 비계를 주었던 식당주인은 경찰에서 상한 것 같아 못 먹는다고 말했는데도 불구하고 가져갔다고 했다. 경찰에서는 평소 정신이상 증세를 보였다는 이웃의 말을 듣고는 서둘러 사건을 마무리했다.

그로부터 며칠 뒤 식당주인은 늦은 밤 집에 찾아와 도의적으로 주는 것이라며 얼마의 보상비를 내놓았다. 그는 식당주인의 면전에 봉투를 집어던졌다. 그리고는 서러움에 못 이겨 꺼억꺼억 울었다. 식당주인은 잠시 당황하더니 봉투를 집어들고는 뭐라고 하더니 홱 나가버렸다.

그는 죽은 그녀의 시신과 함께 억수같이 쏟아지는 빗속에서 하루 낮, 밤을 집에서 같이 머물고는 시립 화장장으로 향했다. 계속되는 태풍 주의보에 비바람이 점점 굵어지는 날 1톤 포터 차에 그녀의 주검을 싣고 떠나는 길에 시장에서 장사 물건을 대주던 늙은 최씨가 줄담배를 피우며 혼자 따라왔다.

Ⅳ

그는 저녁을 먹을 생각도 없이 그대로 자리에 누웠다. 바닥과 맞붙은 등이 냉동창고에 저장되어 있는 얼음덩이와 맞닿은 듯 시려온다. 그의 머릿속에 불현듯 부모님이 떠오른다.

아버지는 그가 가출을 하고 나서 얼마 지나지 않아 동네 뒷산에서 목을 맸다는 소리를 들었다. 그의 아버지는 그가 사고 당시 보상금으로 받은 돈을 이자를 많이 쳐주겠다는 이웃의 꾐에 빠져 빌려 주었다가 날렸다고 했다.

아버지는 얼마나 괴로웠을까? 자식의 목숨과 같은 돈을 사기를 당하고 가족들 보기에 얼마나 마음이 아팠을까? 그는 아버지의 마음을 이해할 수 있을 것 같다. 그러나 정작 죽어야 할 사람은 아버지가 아니라 그 자신이라고 생각한다. 그가 사고를 당한 것 자체가 아버지에게 죄를 범한 것인지도 모른다.

그의 어머니 또한 몇 년째 중풍으로 몸을 제대로 못 가눈다는 말을 들었다. 출가한 딸들이 얼마씩 돈을 모아 생활비를 대고 있다지만 넉넉지 못한 그녀들의 살림살이에서 얼마씩을 떼어내는 일이 결코 쉽지 만은 않을 것이란 생각이 든다. 혹시 그것으로 인해 부부간에 불화가 없을지 걱정이 되기도 한다. 그는 부모를 모셔야 하는 하나뿐인 아들이지만 어떤 도움도 줄 수 없는 자신이 미워 견딜 수가 없다.

밖에는 빗방울이 슬레이트 지붕과 이어진 양철 물받이 통으로 떨어지는 소리가 제법 크게 들린다. 빗방울이 굵어지는 모양이다. 그는 으스스한 추위를 느끼고 이불을 목까지 끌어 덮었다. 그래도 추위는 쉬 가시지 않는다. 조용한 탓일까? 다리의 통증이 온몸으로 빠르게 전달되고 있는 것을 느낀다. 그는 무엇인가 쉬지 말고 계속 움직여야 된다고 생각한다. 그래야 통증을 순간이나마 잊을 수 있을 것이다.

그는 소주를 한잔 더 마셨으면 좋겠다고 생각한다. 그러면 아픔뿐만이 아니라 추위도 어느 정도 물러날 것 같다. 그러나 마음과는 달리 몸은 점점 더 바닥으로 깔아지면서 저 밑 없는 나락으로 떨어지는 것 같은 기분이 든다.

조용히 귀를 기울여본다. 빗소리가 멀어지면서 잠시 주춤하는 것 같더니 어느새 양탄자를 타고 천길 만길 아래로 떨어지고 있는 자신을 발견한다. 그는 놀라고 겁에 질렸는지 양탄자 한쪽 모서리를 꽉 붙잡고 있다.

'그래, 내려갈 만큼 내려가 보는 거야, 내가 얼마만큼 위에 올라와 있었는지 여태 나는 모르고 있었지. 이제는 그만 내려갈 때도 되었는지 몰라. 내가 잊지 못하던 사람들은 내가 알지 못하는 사이에 저 밑 모르는 곳에서 날 기다릴 지도 모르니까. 그들은 한결같이 내 초라한 모습을 보고 놀라겠지. 아버지는 당신 때문에 네가 더 많은 고생을 했다고 미안하다고 할지도 몰라. 그러면 난 무슨 말을 할까? 오히려 내가 아버지를 뵐 면목이 없다고 말해야겠지.

다 죽게 된 아들을 병실에 뉘어놓고 한시라도 마음이 편했으며 한 끼 식사라도 제때 드실 수 있었을까?'

그는 정신을 차릴 수 없을 만큼 빠른 속도로 내려갔다. 한순간 그녀의 얼굴과 스친 것 같아 깜짝 놀라서 하마터면 양탄자를 놓칠 뻔했다. 흐릿한 어둠 속에 비치는 그녀의 얼굴에서 표정은 읽을 수가 없다. 그는 그녀가 아닐 것이라고 생각한다. 그녀라면 그를 보고도 그대로 있지는 않을 것이기 때문이다. 그 생각을 확신하려는 듯 어둠 속에서 세차게 고개를 저었다.

'아니야, 그녀는 지금쯤 우리가 처음 만났던 그때의 모습으로 돌아가 있을 거야. 만날 수만 있다면 얼마나 좋을까? 난 아무 말도 없이 그녀를 가슴에 보듬어 주고 싶어. 깊고 어두운 곳에서 너무나 고생이 많았다고. 난 당신을 떠나 보내고 한시도 잊은 적이 없다고. 당신이 너무 보고 싶었다고. 그녀가 내 마음을 알고 있을까? 정신을 차리고 내 말을 들어야 할텐데….'

그는 다시는 돌아오지 못할 만큼 깊은 곳으로 쉬지 않고 내려갔다. 주인 남자가 얼마 전부터 방문 앞에 서서 그의 이름을 부르고 있지만 그는 그 소리를 듣지 못한다. 아니 어쩌면 들을 수 없는지도 모른다. 그는 조금 쉬고 싶었고 그리고 이미 다른 소리를 듣기 시작하였으므로.

길을 찾아서

B시의 시외버스 터미널에서 출발한 완행버스는 거의 한 시간가량 도로를 달리고 서기를 반복하다가 민가도 없는 한적한 정류장에 멈추었다. 운전기사가 고개를 돌려 그에게 눈짓으로 내리라는 신호를 보냈다. 운전석 뒷좌석에서 서둘러 일어나며 답례로 고개를 잠시 숙였다가 차에서 내리자 초여름 오후의 따가운 햇살이 그를 에워쌌다.

햇볕을 피해 허름한 지붕 아래 정류장의 긴 방부목 의자에 몸을 눕히고 있던 노인네가 천천히 소리가 나는 방향으로 고개를 돌렸다. 낡은 옷차림에 흙탕물로 얼룩진 긴 장화를 신은 노인은 그를 힐끗 쳐다보고는 아무 일도 아니라는 듯 본래의 모습으로 돌아갔다. 그가 내리자마자 버스가 요란한 소리를 내면서 출발했다.

걸음을 옮기려는 순간 어지러움을 느끼고 노인네가 누워있는 긴 의자에 다가가 노인네의 머리 위쪽으로 간신히 걸터앉았다. 잠시

호흡을 가다듬고는 메마른 이마를 손등으로 한번 쓱 훔쳤다. 오른 어깨를 틀어 등에 짊어진 배낭을 벗어 생수병을 꺼내 얼마 남지 않은 물을 두어 모금 들이켜고 주위를 둘러보았다. 도로 건너편으로는 논과 밭이 길게 이어져 있었고 멀리 보이는 고속도로는 차들이 띄엄띄엄 달리고 있었는데 유독 컨테이너를 실은 화물차량이 자주 보였다. 정류장 쪽은 오래전 사방사업으로 비탈마다 울창한 나무들이 심겨져 있었는데 그 사이에 산으로 오르는 길이 보이고 옆으로 기도원 입구를 알리는 낡은 입간판이 세워져 있었다. 그는 잠이 들었는지 기척이 없는 노인네를 잠시 응시하다가 자리에서 일어섰다. 그리고는 천천히 산길을 따라 오르기 시작했다.

법원의 1심판결이 있던 날 그는 변호사와 함께 법원을 들어서며 그동안 겪었던 고통의 종지부를 찍는다는 생각에 가슴이 두근거렸다. 오늘도 아내는 교회 새벽기도에 참석했다. 아내는 일이 터지자마자 교회 담임목사를 비롯해 같은 구역에 속한 교인들에게 기도를 부탁했다. 그는 굳이 하나님의 기도 응답이 아니더라도 사실은 밝혀지고 말 것이라는 생각을 했다. 비록 그동안 우여곡절이 있었지만 법원은 옳은 판단을 하리라 믿었다.

그러나 그날의 판결은 그가 원하던 것이 아니었다. 단지 그의 생각이 틀렸음을 여지없이 일깨워 주는 데 불과했다. 그는 처음에는 수긍할 수가 없어 변호사에게 따져도 보고 주위에 하소연을 하기도 했으나 시간이 지나고 하나 둘 자리를 떠나자 그 역시 법원을 나서면서 나이 50이 다 되었지만 세상을 헛살았던 것은 아닐까 생각했다. 법원 주차장에 세워놓았던 차 앞에 멈춰서 그는 세차게 고개를 저었다. 이건 아니라고 생각했다. 뭔가 잘못된 것이 틀림없다. 뒤따르던 변호사가 그를 위로하며 아직은 포기할 단계는 아니라며 항소를 생각해 보자고 말했지만 귀에 들어오지 않았다.

문득 집에서 소식을 기다리고 있을 아내의 모습이 떠올랐다. 누구보다 믿음이 신실했던 아내는 교회 새벽 기도회를 빠지지 않았다. 그것 외에 달리 할 수 있는 방법은 없었을 것이다. 그렇지만 법원의 판결은 사실을 제대로 밝혀내지도 못했고 하나님조차 아내의 기도에 응답하지 않았다. 그는 차마 연락을 할 수 없었다. 나중에는 혹시 소식을 기다리던 아내가 먼저 전화를 해 오지나 않을까 염려가 되었으나 늦은 밤 술에 취해 집으로 들어가기까지 아내의 전화는 없었다. 그리고 집으로 들어가자마자 맥없이 쓰러졌다.

결혼 이후 아내와 수시로 나가던 교회에 발을 아주 끊게 된 것은 순전히 그의 탓만은 아니었다. 평소 일요일 예배시간에 맞춰 같이 나가기를 원했던 아내도 그 일이 있고나서는 그의 눈치를 보았다. 그 일이 일어난 것은 6년 전 당시 부동산 경기가 한창 붐을 이루고 있을 때였다. 차량으로 한 시간 30분가량 떨어진 M시에 영어마을이 들어선다는 소문이 무성했고 기존의 영어마을은 마을에 입소하는 학생들에 한하여 영어문화권을 체험하고 영어로만 대화하도록 하는 정도였지만 신설되는 영어마을은 학교와 학원은 물론 체험 휴양시설과 호텔, 쇼핑센터 등 근린생활 시설이 함께 조성된다는 것이었고 곧 사업자가 결정된다는 것이었다.

지금 땅을 사 놓으면 상당한 시세 차익을 얻을 수 있다는 소문이 부동산 업계에 파다했을 때 저녁 식탁에 앉아 식사를 하면서 아내가 조심스럽게 말을 꺼냈다. 그동안 조금씩 모아놓은 돈과 집을 담보로 은행 대출을 내어서 이번 기회에 우리도 땅을 샀으면 좋겠다는 의견이었다. 덧붙여서 교인 중에 부동산하는 분이 있다며 그분이면 믿을 수 있다고 했다. 그렇게 해서 땅을 장만하게 되었다. 땅을 장만하기로 했을 때 그는 아내와 함께 부동산 업자인 교회 집사가 안내하는 대로 그 지역을 둘러보면서 나중에 직장을 나오게 되면 여기서 남은 인생을 보내야 되겠다고 생각했다. 영어마을 예정지와는 5㎞ 정도 떨어져 있는 산간지역이었지만 남향이었고 비탈이 완만했으며 현재 지목은 밭이었지만 언제라도 주택을 지을 수 있는 준농림 지역이라고 했다.

조금은 무리를 해서 땅을 샀기 때문에 차츰 생활이 어려워져 갔다. 매월 내는 이자가 부담이 되었다. 그때부터 아내는 시간제 아르바이트를 하기 시작했다. 설상가상으로 1년 정도 지나자 의욕적으로 시작한 영어마을 사업은 당초 시에서 민자를 유치해 조성하기로 하고 사업자를 선정했으나 사업주가 재정조달 불투명을 사유로 사업권을 반납을 한다는 소문으로 지역은 뒤숭숭했다. 그리고 해를 넘기면서 영어마을 사업은 많은 사람에게 득과 실을 남기고 자취를 감추었다. 득을 본 자들이 당시 분위기를 이용한 부동산 중개인과 토지 매도자라고 한다면 손실을 감수해야 했던 사람은 소문에 따라 서둘러 땅을 산 사람들이었을 것이다.

3년을 넘기지 못하고 결국 땅을 되팔아야 했다. 어느 정도의 손실은 각오해야 했다. 아내는 토지를 매각하면서 이번에는 다른 부동산 중개인을 통해서 했으면 좋겠다는 이야기를 꺼냈다. 그는 아내가 교인에게 가정형편을 속속들이 보여주는 것 같아 피하고 싶었을 것으로 생각했다.

그렇게 해서 땅과 가까운 M시의 부동산업체를 통해 매각에 나섰다. 그러면서 알게 된 사실은 당초 구입할 때 시세보다 상당히 많은 웃돈을 주었다는 사실이었다. 처음에는 믿을 수 없었다. 몇 군데 부동산을 돌아다닌 결과 교회 집사는 그들을 속였던 것이 확실해 보였다. 찾아가서 따지기에는 세월이 많이 지났고 무엇보다 둘러댈 변명을 듣고 싶지 않았으며 그렇다고 누구에게 함부로 이야기할 수도 없었다. 그들은 조용히 교회를 떠났고 몇 개월 지나지 않아 아내 혼자 지금의 교회로 옮겼다.

산을 오르는데 등에서부터 땀이 나서 그는 중간에 걸음을 잠시 멈추고 겉옷을 벗었다. 이제 여름이 완연해 지기 시작했다. 도시에서 생활하다보면 계절의 변화를 몸으로 느낄 수밖에 없었지만 산에 오르다보니 눈에 보이는 자연이 계절을 말해주고 있었다. 문득 도시에서 계절의 변화를 느끼며 산다는 것은 사치가 아닐까 하는 생각이 들었다.

그는 아침 출근시간 회사버스를 타는 곳에서 조금 떨어져있던 시내버스 정류장을 떠올려본다. 버스에 조금이라도 일찍 오르기 위해 무리지어 몰려다니는 사람들, 그들이 민감하게 계절을 읽어 낸다는 것은 불가능하리라. 그들은 도시가 주는 효율성을 쫓아 그 테두리를 벗어나지 않기 위해 얼마나 치열한 삶을 사는지 모른다. 그는 주위의 바위에 걸터앉았다. 배낭을 벗어 물통을 꺼내 목을 적셨다. 물이 조금밖에 남아있지 않았으므로 물통은 금방 바닥이 났다. 멀리 바라보려고 고개를 들자 햇볕에 눈이 부셔서 모자를 가지고 왔으면 좋겠다는 생각을 했다.

소송에 휘말리게 된 발단은 아주 우연히 시작되었다. 2년 전쯤 직장에서 근무를 하던 중에 친구의 전화를 받았다. 그 친구는 대학 동창으로 자영업을 하고 있었는데 그를 포함해 여섯 명이 동기모임을 만들어 수시로 만나고 부부끼리도 잘 알고 지내던 가까운 사이였다. 그 친구는 경찰서에서 조사를 받고 있으면서 잠시 틈을 내어 전화를 했다며 그를 급히 보자고 했다. 그는 순간적으로 당황했지만 나가지 않을 수 없었다. 그는 학교를 다닐 때부터 공부보다는 대인관계에 적극적이었고 모임에서 자주 리더를 맡았으며 수완이 좋다는 평을 들었다. 20여 분 뒤 경찰서에 도착을 하여 본관 1층 수사실에 들어서니 수사2계라는 팻말이 붙은 곳에서 몇 명이 출입구 쪽을 바라보았다.

"여기야."

친구가 의자에서 일어나며 말했다. 다가가 악수를 했다. 친구는 만나지 못했던 지난 두 달 동안 얼굴이 조금 수척해 있었다.

"어떻게 된 거야?"

그가 걱정스런 표정으로 물었다. 친구는 대수롭지 않은 듯 말했다.

"응, 사업을 하다보니 이럴 때도 있구나. 얼마 전 매장을 확장하느라 사채를 빌렸는데 제 날짜를 좀 넘겼더니 이 사람들이 나를 사기죄로 고소를 했어."

그는 담담한 표정으로 이야기했으나 내용은 생각보다 심각했다.

"그래서 말인데 저기 앉아있는 채권자에게 확인서를 좀 써주면 내가 나갈 수 있을 것 같아. 그렇지 않으면 내가 여기 꼼짝없이 붙잡혀 있어야 되는 모양이야."

친구는 잠시 틈을 두었다가 말했다.

"내가 나가야 돈을 마련하던지 어떻게 수를 쓸 텐데…."

그는 짧은 시간에 상황을 판단해야 했다.

"확인서를 내가 써줘야 자네가 나갈 수 있다고?"

친구가 고개를 끄덕거렸다.

"어떻게 적어야 되는지 모르겠네…."

그가 말을 채 마치기도 전에 책상 옆에 굳은 표정으로 서 있던 얼굴이 갸름하고 눈매가 매서운 자가 그에게 다가오며 수첩을 내밀었다. 채권자인 모양이다.

"제가 불러 드릴테니 그대로 써주세요."

그는 엉겁결에 수첩과 볼펜을 건네받았다.

"본인은 김정수와 강지태 사이의 합의금 2억 3천만 원을 2012년 10월 31일까지 지급할 것을 보증합니다. 그리고 오늘 날짜 2012년 8월 23일 보증인 그리고 옆에 본인 이름을 쓰시면 됩니다."

그는 친구를 쳐다보았다. 친구는 면목없다는 듯이 말했다.

"이런 자리에 자네를 불러서 정말 미안해. 그렇지만 자네라면 해줄 것 같아서 불렀어. 이렇게만 해주면 남은 기간 안에 어떻게든 돈을 마련해 볼게."

그때 그는 모두에게 들으라는 듯이 말했다.

"그렇지만 이건 보증서 아냐? 자네가 아까 말한 확인서는 아닌 것 같은데."

당시 그의 주위에 있던 친구, 채권자, 경찰 모두 그의 말에 아무런 대꾸가 없었다. 그는 다시 한번 강조하듯이 말했다.

"이게 보증을 서는 것이랑 무엇이 다릅니까? 제 생각에는 보증서 같은데요."

잠시의 침묵이 지난 뒤 책상 앞에 앉아있던 경찰이 일어서며 말했다.

"이게 있어야 불구속 수사가 가능합니다. 쉽게 말하면 불구속 수사를 위한 확인서라고 보시면 됩니다."

모두들 그를 주시하고 있었고 그는 의구심이 들었으나 그렇다고 무작정 시간을 지체할 수도 없었다.

"알겠습니다. 친구가 나가야 일이 풀릴 것 같으니까 일단 작성은 하겠습니다."

그때 의심이 없지 않았으나 남은 기간 안에 그 친구가 해결할 것을 믿었고 경찰 역시 민중의 지팡이임을 믿어 의심하지 않았다.

기도원 입구에 들어섰다. 제법 사람들이 보였다. 주차장에는 승용차 10여대와 교회 표지를 단 승합차도 몇 대 보였다. 조금 더 위로 올라가니 기도원 건물이 눈에 들어왔다. 기도원은 회백색의 2층 높이의 건물에 십자가가 길게 하늘을 향해 뻗어 있었고 옆으로는 단층의 부속 건물이 몇 동 늘어서 있었다. 기도원 건물까지 올라오니 조금 넓은 공터가 나왔는데 옆으로는 오래된 나무들이 듬성듬성 서 있고 사이마다 벤치가 몇 개 보였다. 페인트칠이 벗겨진 철제 현수막 걸개와 금요일 구국기도회를 알리는 현수막이 보였다. 오래전에 매달았는지 색이 바래져 있었는데 검은 색으로 크게 적어놓은 '국가와 민족을 위한 구국기도회' 글씨는 멀리서도 알아볼 수 있었다. 그는 심호흡을 하고 사무실이라고 써놓은 곳으로 들어갔다. 50대 중반을 넘긴 듯한 아담한 체구의 여자가 일어서며 반갑게 맞았다.

"어서 오세요. 주님의 이름으로 환영합니다."

그는 고개를 들어 안내석의 여자를 똑바로 바라보았다. 그녀는 파마머리에 흰색의 면 티셔츠를 입고 있었는데 짧은 키 때문인지 옷이 조금 헐렁해 보였다.

"예, 한 이틀 지냈다 갈까 합니다만…."

그녀는 그를 잠시 쳐다보더니 서류들 사이에서 입실확인서를 꺼내 놓았다.

"여기 기록 좀 해주시겠어요?"

그는 종이를 받아들고 눈으로 읽어 내려갔다. 이름과 주소, 그리고 머무는 날짜 등 몇 가지 기본적인 것들을 적도록 되어 있었다.

"방은 어떤 방으로 드릴까요? 여섯 명까지 쓸 수 있는 방과 단체실이 있습니다만 원하신다면 대성전에서는 무료로 지낼 수도 있어요."

그는 작은 방을 선택하고 대충 기재를 했다. 숙박날짜를 쓰려다가 사무실 한 쪽에 걸린 달력을 보았다. 처음에는 기간을 정하지 말고 며칠 지냈으면 하는 생각이 들기도 하였으나 나중에 연장을 하더라도 우선은 이틀 정도 적어 놓는 게 낫겠다 싶었다.

"금식하실 계획이 아니라면 식사는 왼쪽에 있는 식당을 이용하셔도 됩니다만 식사 시간은 꼭 지켜주셔야 됩니다."

그는 지갑에서 현금을 꺼내 계산을 하고 여자가 주는 열쇠를 받아들고 사무실을 나섰다. 등 뒤에서 여자가 말했다.

"혹시 분실의 우려가 있는 물건은 사무실에 맡겨주세요. 간혹 물건을 잃었다는 분들이 있어서…."

그는 사무실을 나와 우선 근처 매점에서 생수를 사가지고 길 안쪽의 그늘진 벤치에 앉았다. 근처 계곡물 흐르는 소리와 이른 여름 매미의 울음소리가 들리고 어디서 왔는지 한 가닥 시원한 바람이 얼굴을 스치며 지나갔다.

어느 날 느닷없이 보증 채무를 갚으라며 민사소송이 걸려오기 전까지만 해도 이 일에 대하여는 크게 걱정을 하지 않았었다. 친구와 두어 번 연락을 했으나 친구는 곧 일이 잘 풀릴 것 같다며 그를 안심시켰고 그도 별다른 의심을 하지 않았다. 간혹 생각이 날 때면 걱정이 되기도 했지만 그렇더라도 달리 어떻게 해 볼 도리가 없었다.

살면서 법원을 가보기는 처음이었다. 아니 피고로써 재판을 받는다는 것은 여태 남의 일로만 알았다. 친구는 잠적했고 그는 꼼짝없이 재판석 앞에 서야 했다. 그는 친구를 생각했다. 친구가 거짓말을 했으리라고는 생각되지 않았다. 답답한 마음에 변호사를 데리고 그 당시 그에게 확인서라고 말했던 경찰을 찾아가기도 했다. 그러나 경찰은 전혀 그런 사실이 없다고 냉정하게 말했다. 뒤에 아내가 따로 찾아가 탄원서 이야기를 조심스럽게 꺼냈지만 경찰은 한마디로 거절했다.

판결문은 간단했다. '보증합니다. 보증인 서인호' 라는 두 마디와 서명이 이 문서를 보증서로 볼 수 있다며 원고의 청구금액을 모두 변제하라는 것이었다. 세상이 그렇게 호락호락하지 않다는 것을 그는 잠시 잊고 있었던 것이라고 생각했다. 그 역시 직장과 사회생활을 하면서 순탄했던 것은 아니었다. 어려움을 겪을 때도 더러 있었고 심한 좌절감을 맛보기도 했다. 그러나 이번처럼 이렇게 갑자기 당한 것은 처음이었다. 친구와 채권자 그리고 경찰까지 합세하여 그를 올가미에 가두는 것 같았다. 어쩌면 그들이 처음부터 그를 이용했을 수도 있다는 생각이 그를 괴롭혔다. 그렇지만 그것은 아닐 것이다. 그는 그렇게 생각했다.

새로 옮긴 교회는 시내 중심가에서 조금 벗어난 교인 수가 그리 많지 않은 교회였다. 아내는 무엇보다 목사의 설교말씀이 은혜로웠다고 말했다. 교회 구역별 모임이 활성화되어 있어서 구역예배가 있는 날은 가능하면 구역의 등록된 교인 모두 참석하여 가정마다 돌아가며 예배를 드리고 가정마다 준비한 음식을 대접했다. 예배시간보다 친교시간이 활기를 띠었고 가정의 기도제목을 나누거나 한 주간 소식들을 주고받았다.

한동안 그는 교회에 나가지 않았다. 부동산을 했던 교회 집사에 대한 배신감이 교회에 대한 배신감으로 변해 그를 괴롭혔다. 교회는 사랑과 정직함이 무기가 되어야 한다고 생각했다. 세상이 아무리 변하더라도 교회는 사랑과 진실만을 이야기해야 하는 것이었다. 교회가 사랑이 없다면 그건 교회가 아니다. 마찬가지로 교회가 정직하지 않다면 그런 교회는 교회가 아니다. 교회가 아닌 교회는 이 세상에 존재할 필요가 없을 것이다. 그렇지만 현실은 그렇지 않을 수도 있다고 생각했다. 사랑과 정직함이 빠진 알맹이 없는 교회가 얼마나 있는지 누구도 알 수 없는 노릇이었다.

몇 번 구역예배에서 목사를 만났다. 그리고 어느 순간 마음을 열게 되었다. 목사는 상처받고 신음하는 영혼의 조련사라도 되는 것인지 그의 생각을 알고 있는 듯했다. 내색을 하지는 않았지만 믿음이 갔다. 그 뒤로는 자연스럽게 아내와 같이 교회에 다니게 되었다. 과거의 신앙생활이 이어졌다. 적어도 이제부터는 어려움이 없을 것이라 믿고 싶었다.

그가 배정받은 방에 들어서니 중년인 듯한 사람이 자리를 깔고 자고 있었다. 피곤했는지 코고는 소리까지 들렸다. 그는 열쇠로 사물함을 열어 배낭을 넣고 조용히 방을 나왔다. 대성전을 찾았다. 대성전은 숙소건물 조금 위쪽에 있었다. 1층에는 회의실과 소예배실이 있었고 2층 전체를 대예배실로 쓰고 있었다. 바닥에는 길다란 레자형 비닐 방석이 촘촘하게 놓여 있고 전면 무대는 대형 십자가와 아크릴로 만든 강대상이 있었는데 중앙의 대형 십자가는 나무로 다듬은 듯한 흰색이었는데 붉은 색의 간접조명이 은은하게 비치고 있는 것이 벽면 주위의 어두움과 겹쳐 어떤 신비한 기운을 자아내는 듯했다. 오른쪽으로는 빔을 비추는 대형화면이 위에서부터 길게 드리워져 있었고 무대 왼쪽으로는 피아노와 드럼 등의 악기와 10여 개의 보면대가 가지런히 놓여 있었다.

매일 저녁 기도원 원장이 인도하는 예배를 드린다고 등록을 할 때 안내석에서 말했는데 아직 이른 시간이라 그런지 드문드문 네댓 명이 앉아서 묵상을 하거나 일부는 통성기도를 하고 있었고 한

무리의 중년 여자들이 둘러앉아 낮은 소리로 잡담을 하는 모습과 뒤에서는 아기와 어머니로 보이는 젊은 여성이 잠들어 있는 모습이 보였다. 아마 아기를 재우다가 같이 잠이 든 것 같았다. 그는 중간쯤에 자리를 잡고 앉아 눈을 감았다. 그리고 지나온 세월들을 천천히 되짚어보기 시작했다.

그가 기도원에 올라오기까지는 아내의 권유가 절대적이었다. 아내는 그가 다시 교회에 다니기 시작한데다 혹시라도 이번 일로 인하여 아예 믿음을 팽개치지 않을까 노심초사했을 것이다. 또한 일이 이렇게까지 진행되어 온 것은 하나님의 어떤 섭리가 있는 것은 아닌지 그 물음에 대한 답을 찾고자 아내 역시 부단히 기도해 왔을 것이다.

"여보, 당신 그동안 많이 힘들었을 텐데 가까운 기도원에라도 며칠 다녀왔으면 좋겠어요."

지난 일요일 낮 교회에서 예배를 마치고 집으로 돌아오면서 아내가 그를 보며 말했을 때 그는 고개를 끄덕였다. 그날 예배를 마치고 교회 현관을 나서다가 아내는 목사와 만나 무슨 말을 나누는 듯했고 평소 아내의 바람을 알고 있기도 했지만 나름대로 하나님의 존재를 확인해 보고 싶은 막연한 생각을 언제부터인가 가지고 있었다.

"그래, 우선 한 이틀 정도 다녀올게. 혼자서 괜찮겠어?"

걱정과는 달리 그의 대답이 의외로 쉽게 나오자 아내의 얼굴이 잠시 밝아졌다. 걱정하지 말라는 듯 그의 한쪽 손을 지긋이 잡았다. 그는 이튿날 회사에 휴가계를 제출했다. 퇴근길에 부장은 그를 보고 힘내라며 주먹을 불끈 쥐어보였다.

1심 판결이 있고나서 변호사와 항소를 준비하고 있던 어느 날 아내가 어디서 들었는지 보증인 보호를 위한 특별법이 있다며 혹시라도 도움이 될까 궁금해 하며 그에게 말했다. 그는 서둘러 인터넷으로 검색을 해 보았다. 보증인보호를 위한 특별법 7조에는 보증기간의 약정이 없을 때에는 그 기간을 3년으로 본다고 되어 있었다. 아내는 이제 2년이 다되었으니 조금만 더 기다리면 보증채무가 소멸된다는 말이 아니냐고 했지만 그러나 변호사를 통해 들은 대답은 실망스러웠다.

"그게 보증기간 시효라는 것인데 채권자가 권리행사를 하게 되면 다시 재연장되는 채권 소멸시효와 비슷한 것이라서 보증서가 맞다고 가정하면 변제하실 수밖에 없습니다."

그가 지금까지 직장에 다니며 장만한 것이라고는 아파트 한 채가 전부였다. 아내가 수시로 자기도 가계에 보탬이 되겠다며 동네 근처 마트 등에서 시간제 계산원으로 일했지만 가계에 얼마나 도움이 되는지는 알 수 없었다. 아내는 간혹 마트에서 돌아오면서 아이들이나 그가 좋아하는 육류나 생선을 가지고 와서 요리를 했다. 유통기한이 임박한 물품들에 한정해 직원들은 조금씩 싸게 살 수 있는 모양이었다. 그렇지만 그 일도 큰딸이 고등학교 3학년에 들어서는 올해 초에 정리를 했다. 늦은 저녁을 먹은 어느 날, 아내는 자못 심각한 어조로 그에게 물었다.

“여보, 변호사와 다시 상의를 해보고 항소를 해도 이길 확률이 낮다면 더 이상 소송은 의미가 없을 것 같아.”

아내는 지쳐있는 듯이 보였다. 그 역시 아내의 생각에 공감했다. 그렇지만 사실이 아닌 것을 두고 모든 것이 사실인 것으로 마무리 지을 수는 없었다. 그러기에는 너무 억울한 생각이 들었다. 그런 생각이 그를 더 기도원으로 내몰고 있는지도 몰랐다.

그의 기도원 생활은 벌써 계획했던 이틀을 넘겼다. 추가 등록을 하지 않고 밤에는 대성전에서 묵었다. 이틀 동안은 매식을 했지만 그 뒤로는 금식을 했다. 그가 식음을 폐하고 기도생활에 전념할수록 정신은 더 모호해지는 기분이었다. ‘하나님, 이대로 내려갈 수는 없습니다. 잘못되기라도 한다면 우리 식구는 꼼짝없이 길거리에 나앉아야 되는 것 하나님은 아시지 않습니까? 제가 어떻게 해야 하겠습니까?’ 배는 고프지 않았으나 수시로 눈물이 나왔다. 눈물의 의미는 무엇일까? ‘하나님은 상한 갈대를 꺾지 아니하시고 꺼져가는 등불도 끄지 않으신다’고 했는데 이 말은 지금 나에게 어떤 의미를 갖는 것일까? 그는 지금까지 신앙생활을 제대로 했던 것일까? 주일이면 의무적으로 교회에 나가는 형식적인 신자에 지나지 않았는지도 모른다. 그래서 하나님은 기다리다 지쳐 더 이상 그를 기억하고 있지 않았을 수도 있다. 그래서 이렇게 오랫동안 그의 기도에 침묵하고 있는 것은 아닐까?

그는 형언할 수 없는 마음이 되어 고개를 들었다. 밤이 깊었는지 사방은 어둡고 고요했다. 눈물이 눈 주위로 범벅이 된 상태에서 정면의 십자가를 오랫동안 바라보았다. 십자가 주변 붉은 색의 간접 조명이 눈물 때문이었는지 방울방울 맺혀지는 것처럼 보였다. 자세히 보고자 시선을 집중시켰다. 그러자 그곳에는 뜻밖에도 흰옷을 입은 예수님이 서 있었고 입은 옷 주위에는 방울방울 붉은 핏방울이 뚝뚝 떨어지고 있었다. 섬뜩 놀라서 상대방의 얼굴을 똑바로 바라보았지만 어두운 데다가 거리가 먼 탓이었는지 희미하여서 제대로 알아볼 수 없었다. 머뭇거리는 사이 예수님은 이쪽으로 느린 걸음으로 뚜벅뚜벅 걸어오기 시작했다. 그는 놀라서 급히 일어서려고 했으나 무릎을 꿇은 상태에서 꼼짝을 할 수가 없었다. 몸이 굳어버린 상태에서 처음에는 두려움이 엄습하였으나 가까이 다가오는 예수님의 얼굴은 조금씩 밝아졌고 광채와 함께 평안한 모습이었기 때문에 조금 안심이 되었다. 그는 일어나서 예수님을 맞이하여야 한다고 생각했다. 이제 그의 기도는 이루어질 것이었다. 그는 마음이 급해지기 시작했다. 그러면서도 그는 이 일이 꿈이 아니기를 간절히 바랐다.

수필 모음

비상을 꿈꾸며

사 랑

누가 사랑을 아름답다 했는가? 사랑은 슬픔이고 아픔이다. 상처가 겉으로 드러나지 않을 뿐 그 생채기는 오랫동안 지워지지 않은 채 순간에 머물러 있다. 그러므로 사랑은 안으로 파고든다. 사랑은 결코 자신을 드러내는 법이 없다. 누군가에 의해 사랑이 드러났다면 이제는 감동이 빠진 그래서 철저히 표피화된 사랑을 빙자한 이야기에 가까울 것이다.

내면으로만 파고드는 사랑은 지극히 주관적이다. 사랑은 목숨을 담보하기도 하지만 대상을 한순간에 철저히 타자로 만들어 버리는 허상이기도 하다. 그렇기 때문에 지금까지 어떤 시인도 철학자도 사랑에 대한 정의를 내리지 못했던 것은 아닐까?

어디서 왔는가 너는

갈대밭

가을을 몰고 온 여린 바람처럼

그렇게 너는 왔는가

새벽 유리창 성애처럼

뿌옇게 눈앞에 어른거려

하지만 그뿐

더는 어쩔 수 없는 몸부림으로

그냥 말없이 돌아서 버리는

너는 차디찬 물거품인가

어디로 갔는가 너는

—〈사랑 Ⅰ〉

안타깝지만 우리는 사랑하는 순간조차도 사랑을 모른다. 사랑은 모든 것을 잊게 만드는 마법과 같다. 오로지 상대방에게만 집중할 뿐이다. 그러므로 사랑은 어떤 무엇과도 바꿀 수 없다. 그(녀)에게 있어 사랑은 이 세상에 단 하나의 유일한 것이기 때문이다. 또한 사랑은 짧은 찰나에 그칠 뿐이다. 바람을 붙들어 놓을 수 없듯이 사랑도 그렇게 한순간 곁에 왔는가 싶은 순간 떠나는 것을 잊지 않는다. 우리는 사랑의 영속성을 말하지만 당초에 영원한 사랑은 존재하지 않았다. 아니 정확히 말하면 사랑은 한여름 밤의 꿈에 지나지 않는다. 그 짧은 순간 사랑을 맞이하고 한순간 이별을 고할 뿐이다. 그렇기 때문에 자신의 사랑이 끝났다고 느꼈을 때 그때에야 비로소 사랑했던 자의 얼굴이 보이고, 자신을 되돌아보는 여유를 가질 수 있으며 그때에야 비로소 사랑했노라 고백을 할 수 있을 뿐이다. 그러므로 사랑은 철저히 이율배반적이다.

사랑의 열병을 앓지 않은 사람이 있을까? 시기의 차이만 있을 뿐 누구도 여기에서 자유로울 수 없을 것이다. 또한 누구에게나 사랑은 찾아오지만 그것을 받아들이고 내면에서 형상화하는 과정은 천차만별일 것이다. 이 세상 어디에도 똑같은 사랑은 존재하지 않는다. 사랑의 형태는 사람의 얼굴모습 만큼이나 다양하다. 같지 않은 사랑, 그것은 이제껏 누구도 경험하지 못한 것이며 그래서 정답이 존재할 수 없는 것이기에 사랑하는 자의 고민도 더 깊어지는 것이나 아닌지 모르겠다.

내가
처음으로 두 손을 폈을 때에
광활한 바다는
고작 두어 척의 배가 돛을 올리고 있었다

고개 숙인 너의 모습은
단지 그림자뿐이러니

비가 내리고 나면
맺혀진 영상 속에
산산 조각 부서지는
황혼
포말처럼 꺼져버리는
저 임자 잃은 발자국이여

아직
보내지 않은
이 한 통의 편지가
왜 이렇게 허전하게만 하는 것인가

—〈사랑 Ⅱ〉

그리고 많은 세월이 흘렀는가 보다. 이렇게 글을 쓸 수 있다는 것도 당시의 절절했던 사랑에서 한걸음 비켜 있었기에 가능했는지 모른다. 그렇게 생각하니 지금 우리 사회에서 사랑이 난무하는 것도 모두들 사랑에 목말라하는 현상의 또 다른 표현이 아닐까 하는 생각이 든다.

우리는 모두 사랑하고 사랑받아야 할 존재들이다. 이것이 우리도 모르는 사이 사랑을 잃고 방황하는 이 시대의 슬픈 자화상으로 남은 우리들을 지탱하는 삶의 존재이유가 되어야 한다.

세월호 1주기에 부쳐

몸의 상처는
치료하지 않아도 때가 되면 낫는다.
마음의 상처는 아무도 모른다.
피가 얼마나 솟구쳤으며,
몸뚱이는 또 얼마나 터지고 찢겨졌는지
MRI만 하릴없이 곁을 지키고 있다.

세월호가 제 무게를 지탱하지 못하고 가라앉았을 때
비로소 상처는 곪아 터졌다.
감춰졌던 환부의 피고름을 내려다보며
그 많던 의사는 숨을 죽였다.
남아 있는 자들이 상처를 치료해야 했지만
고개를 저으며 의사 중 누군가가 나직하게 말했다.

증명되지 않은 상처는 우리 할 일이 아니야.
그게 몸의 상처와 달랐던 게지.

아직도 세월호는 바다 아래에서
만신창이가 된 몸을 뒤척이고 있다.
해를 넘겼지만 생사조차 알지 못하는
이 신자유주의 경제의 아이러니를 우리는 두 눈으로 마주하고 있다.
선장이 떠난 배는
누가 나서서 보듬어야 하는 것인가.
그래서 남아 있는 저들의 마지막 보루가 되어야 하는가.

마음에 난 상처는 문을 닫아 버리면
겉으로야 눈치채지 못하겠지만
결국은 한순간 봇물이 되고
한숨이 되고 아픔이 되고 원망이 된다.
그게 몸의 상처와 다른 것이다.

이 아픔은 산고의 고통이다.
다른 길이 없는 고통이요 잊을 수 없는 고통이다.
그러므로 내 속에 꼭꼭 숨겨 두어야 한다.
이 일은 눈물로는 부족하기 때문이다.
가슴을 치는 것으로도 부족하기 때문이다.

우리는 이 일의 산 증인이 되어야 한다.

언제쯤 그 출구를 빠져 나오겠느냐
아, 세월호여 세월호여.

2014년 4월 16일, 그날은 잊고 싶은 날이지만 또한 잊을 수 없는 날이다. 많은 사람들을 힘들게 했던 그날 그 사건은 1년이 지난 지금까지도 제대로 된 원인 규명조차 이루어지지 않았다. 그동안 세월호를 두고 많은 일들이 있었다. 사고 유족들이 사고원인 규명을 위해 삭발을 하고 광화문에서 단식투쟁을 했으며 청와대를 가는 길은 번번이 경찰에 의하여 제지당했다. 종교단체와 많은 사회단체에서도 피해자를 돕고 원인을 밝히기 위해 움직였지만 아직도 진상 규명과 관련자 처벌은 답보상태에 있다. 세월호 유족들이 눈앞에서 수백 명이 수장되는 것을 지켜보며 구하지 못한 이유를 밝혀달라는 이야기에 답을 해야 하는 이들은 정치적이라면서 꼬투리를 잡았다.

그러나 그 가운데에서도 우리의 마음을 따뜻하게 만드는 일도 있었다. 프란치스코 로마교황의 방문이었다. 그는 서울공항에 내리자마자 유족들과 마주하였으며 광화문 광장 단식농성장을 둘러보고 유족들을 위로했다. 그는 방한 이튿날 유족에게서 받은 세월호 노란 리본을 방한기간 내내 가슴에 달고 있었다. 물론 노란 리본을 달고 있다고 하여 세월호의 아픔에 동참하였다고 말할 수는 없을 것이다. 그의 진심은 나중에 알 수 있었다.

"나는 인간적 고통 앞에서 중립을 지킬 수는 없었습니다."

나는 그 세월호에 대하여 이야기하고 싶었다. 누구도 말하기를 꺼려 하지만 그러나 세월호는 우리가 겪고 있는 현실이었고 나는 그 현실을 어렵지만 마주하고 싶었다. 그동안 세월호의 아픔에 동참하는 행사 몇 군데에 자진해서 참여하였다. 세월호 유가족초청 마산 YMCA시민논단에도 늦은 시간까지 참석하였고 민간단체인 마산 시민행동에서 벌인 세월호 추모현수막 설치운동에도 동참하였지만 그것들로는 많이 부족하였다.

세월호 사건이 일어난 지 1년이 지난 어느 날 밤, 문득 세월호가 생각났다. 아직도 사건이 정리되기에는 시간이 짧았던 것일까? 아니면 우리의 냉담과 무관심이 사태를 이 지경으로 만들어 놓았을까? 늦었지만 지금이라도 우리는 사회에 만연한 자본논리로 인해 피폐되어 가는 우리 자신을 되돌아보아야 한다. 그리고 계속하여 세월호를 말해야 한다. 우리는 이 아픔을 오랫동안 기억하여야 한다. 그것이 이 시대를 사는 나를 포함한 우리에게 주어진 책임이라고 느끼기 때문이다.

비상을 꿈꾸며

한 해를 맞이한다. 세월은 누구에게나 동일하게 다가서지만 자신이 처해 있는 형편에 따라 천차만별로 느끼게 된다. 특히 알게 모르게 나이가 들어가면서 세월을 바라보는 눈은 이전에 비해 많이 변해 있다는 것을 실감한다.

흔히 세월을 흐르는 물에 비유하기도 한다. 어린 시절 흐르는 물은 개울물같이 이리저리 휘돌면서 완만하게 졸졸 흐르지만 점차 나이가 들어가면서 물의 흐르는 속도도 바다에 근접한 큰 강을 닮아 웬만큼 뛰어도 물의 속도를 따라잡을 수 없을 만큼 빨라진 것을 깨닫는다.

그렇다면 물이 긴 여행을 끝내고 바다에 도달하는 시점을 우리 인생에서 무엇에 비유할 수 있을까. 육지의 모든 물이 최종적으로 모이는 장소. 이제 더 이상 흐를 수 없는 물들은 긴 여행을 끝낸 여행자가 안식을 취하듯 끝없는 바다 한가운데서 긴 휴식에 들어가는 것일까. 그래서 오랜 세월이 흐른 후 따사로운 햇살에 기지개를 켜듯 수증기로 변하고 이윽고 비로 변하여 이름 모를 산언덕을 적시며 또 다른 인생을 출발하는 것일까.

이제 내 나이 지천명을 넘긴다. 옛 성인들이 하늘과 땅의 뜻을 깨달아 순응하는 경지에까지 이른다는 나이. 그러나 실상 이 나이가 되도록 내가 할 기본적인 도리조차도 벅차고 힘들어서 감히 다른 것은 돌아볼 엄두를 내지 못하며 살아왔다.

성인들의 말씀에 비추어보면 부끄럽기 그지없는 인생이다. 지나온 일들을 회상하면 그 가운데 수많은 어려움과 시련이 있었겠지만 그래도 그러한 것들을 극복하며 이렇게 지내온 것을 생각하면 부족한 것밖에 없는 내 삶에 얼마나 많은 이들의 도움이 있었는지 새삼 깨닫게 된다. 어려서부터 병약하여 힘없고 가진 것 없이 거친 들판 같은 세상을 살아왔지만 그래도 절망과 낙담의 고비마다 힘을 얻고 다시금 일어설 수 있는 용기를 허락한 예수님과 내 이웃들을 생각한다.

중학교 시절 기독교 계통의 학교에 다니면서 예수를 알고 배울 수 있었던 일은 참으로 내 인생에서 큰 축복이었다. 그 믿음은 지금껏 이어오면서 자녀들에게 무엇보다 소중한 믿음의 유산을 남기게 된 일 또한 그저 감사할 따름이다. 그리고 좋은 스승들과 친구들을 만났다. 청소년기 집안 사정으로 부득이 집을 떠나 멀리 서울에서 공부를 했던 때가 있었다. 그때 모두들 형편이 어려웠고 나 역시 공부보다도 의식주 때문에 늘 걱정이 많았는데 그래도 객지 생활 그 어려운 때를 주변의 도움으로 슬기롭게 넘길 수 있었음도 감사한 일이다.

참으로 원하는 것은 무엇이든 할 수 있을 것 같던 학창시절, 그 짧은 날들과 최전방에서의 군대생활을 보내고 그리고 직장을 잡고 결혼을 하고, 이제 커 가는 자녀들을 보면서 내 인생의 이루어야 할 어떤 목적 같은 것들이 어느 사이에 나 자신에게서 가정과 자녀들로 옮겨진 것을 알고는 짐짓 놀랄 때가 있었다. 그때 성경 한 구절이 생각났다. 사도 요한이 예수님의 오심을 전파하면서 광야에서 외친 말씀이다. "그는 흥하여야 하겠고 나는 쇠하여야 하리라." 그렇다. 안타깝지만 이제 나도 그러한 고백을 해도 무방하리라. 나의 시대는 기울어서 늦은 오후의 몇 줄기 햇살에 몸을 맡기고 있지 않는가. 대신 무럭무럭 커가고 있는 자녀들이 젊었을 적 내가 그랬던 것처럼 배우고 익히며 나름대로의 꿈과 비전을 키워가야 하리라.

장자의 한 구절을 떠올린다. '태산의 바위가 바람에 날려 다닌다고 하면 누가 믿을 것인가.' 그러나 바람에 날리는 흙먼지도 바위로 살았던 때가 있었으며 흙 알갱이로 살았던 때도 있었을 것이다. 그래서 작은 것이 가장 크고 큰 것이 가장 작다는 말을 사용하더라도 틀리지 않다. 삶이 크다고 하면 작은 것이고 죽음이 작다고 하면 큰 것이다. 결국 살고 죽음이 하나의 변화라면 크고 작음의 왕복일 뿐이다.

삶은 그런 것이다. 우리의 삶의 모양은 우리들 얼굴마냥 갖가지

형태의 것이겠지만 그러나 그 가운데 일정한 룰이 있어서 개인에게는 극히 짧은 한때 한순간만을 인정할 뿐이라는 것이다. 그 짧은 때에 우리는 무대에 서서 원하고 바라는 것들을 이루고 성취해야 한다. 다만 세월은 흐르는 물처럼 흐름을 그치지 않고 영원을 왕복할 뿐인 것이다.

그렇다고 마냥 아쉬워만 할 일도 아니다. 크게 성취한 일은 없어도 내 나름의 삶을 떳떳하게 살아왔다면 그것으로 충분한 것이다. 비록 높은 지위나 권세를 누리지는 못했지만 농부가 계절에 맞춰 모심기를 하고 김을 매고 추수를 하듯이 순리에 따라 내 인생의 농사를 지어왔다면 추수 때 수확물을 조금 더 거두고 덜 거두는 것이 무슨 문제가 되겠는가. 게다가 우리에게는 결국은 우리를 이해해 주리라 굳게 믿는 자녀들이 자라고 있지 아니한가.

괴테의 소설 《파우스트》에서 천사들은 끊임없이 노력하는 자만이 구원할 수 있다며 파우스트의 영혼을 메피스토(악마)로부터 빼앗아 구원하지만 그가 천국에 오르기까지는 하늘로부터의 은총이 내리지 않으면 불가능하였다. 그러나 이 책의 마지막 구절 영원히 여성적인 것이 우리를 인도한다는 말처럼 옛 애인이었던 그레트헨이 나타나 성모에게 그의 영혼을 위한 은총을 빌었고 그는 천국의 영광을 차지하게 된다.

천국의 영광은 누구에게나 주어지는 것이 아니다. 그렇지 않다면 천국은 그 가치를 상실해 버리고 말 것이기 때문이다. 우리는 우리의 삶을 영위케 하신 자에게 빚진 자로서의 삶을 살아가야 한다. 나를 보내신 이의 뜻을 깨달아 그 뜻에 순응하는 삶을 살아야 한다. 그러면 우리는 창조주의 도우심을 입어 구원의 축복과 천국의 기쁨을 함께 누리지 않겠는가.

올 한 해도 나는 흐르는 강물과 같은 심정으로 가는 세월을 안타까워하며 살고 싶다. 누군가를 끝없이 사랑하고 싶고 사랑받고 싶다. 가진 것은 풍족하지 못하나 마음은 그 갑절을 베풀고 싶고 서로의 마음을 나누는 삶을 살고 싶다. 마음만이라도 이제는 살아가면서 더 움켜잡는 것이 아니라 더 비우고 싶다. 천천히 나는 더 높은 곳으로 비상하고 싶다. 아! 나는 끝없이 자유하고 싶다.

이승기의 희망콘서트를 다녀오다

우리 집의 서재 책상 한켠에 있는 노트북은 부부 공용이다. 누구든 먼저 의자에 앉으면 그만이다. 보통 평일저녁 식사를 하고 내가 먼저 책상에 앉아 인터넷 검색을 하든지 책을 보고 있다가 아내가 설거지를 끝내고 서재로 들어오면 나는 책을 들고 자리에서 일어선다. 책을 보는 데에 굳이 책상을 고집할 필요도 없거니와 아내가 컴퓨터를 쓰겠다는 신호이기도 하기 때문이다. 간혹 아내가 TV를 본다거나 전화를 쓸 때는 내가 책상에 앉아 있는 시간이 조금 더 연장되기도 하는데 최근 들어 그 시간이 갈수록 단축되는 것 같다.

아내가 책상에 앉으면 보통 컴퓨터와 시간을 보내는 경우가 많았다. 처음에는 인터넷 서핑 정도로 생각했는데 어느 날인가 실제 아내가 컴퓨터에 빠진 것은 다른 이유가 아니라 가수 이승기의 홈페이지를 포함하여 몇몇 팬클럽을 향해 마음껏 자유 항해를 시작하는 일이란 것을 알았다(오늘은 이승기에게 무슨 일이 있었을까?).

살펴보니 회원에 가입한 지는 꽤 되었던 것 같고 수시로 이승기의 일정이나 동정을 알아보고 관련 자료를 찾기도 하며 다른 회원들의 적어놓은 생각이나 이야기를 보거나 음악을 듣기도 했다. 그렇게 정신없이 화면에 열중해 있는 모습을 보다보면 무료하여져서 대개 나 혼자 먼저 잠자리에 들었다.

처음 몇 번은 늦은 밤 잠자리에 들 시간이라고 일러주면 화면에서 눈도 떼지 않은 채 한결같은 목소리로 "조금 더 있다가 잘께요."라고 앵무새처럼 말했다(방해하지 말라는 말이겠지). 그러다 보니 아내가 언제 잠이 드는지는 내게 숙제이기도 했다. 어떤 때는 자다가 부스스 일어나보면 서재 문을 닫고(아마 불빛을 차단할 목적으로) 헤드폰을 끼고 이승기의 노래에 취해 있었다(50줄을 넘긴 중년여인의 한밤중 그 청승이라니…). 내심으로는 크게 환영할 일은 아니지만 잘못된 일 같지도 않아서 그냥 옆에서 지켜보는 입장이었다(잠만 조금 일찍 자면 얼마나 좋을까? 아니, 공부를 젊어서 저렇게 했다면 무슨 수가 나도 났을 텐데…).

아내가 이승기에게 흠뻑 빠진 것은 어린 학생들이 인기 탤런트나 가수를 좋아하는 것과는 조금 다른 입장에서 생각해 보았다. 나름대로 정확하게 집어낸 것은 아니겠지만 아내는 과거 이승기가 나오는 1박 2일을 빠짐없이 보면서 그에 대한 탐구를 했던 것 같고(한 회라도 빠지면 반드시 지난 회차를 돈을 내더라도 찾아보았고, 혹시 저녁 식사시간과 맞물린다면 밥상을 차리고서는 혼자 나중에 먹는다며 자리에서 빠져나와 거실 소파에 앉던지 아니면 밥을 먹기 좋게 비벼서 소파에 앉아 혼자 식사를 했다. 물론 TV에서 이승기가 사라진 이후에는 1박 2일 자체를 안 본다. 물어보면 재미가 없어졌다나 뭐라나). 이제는 탐구를 넘어서 적극적으로 참여하는 모양새다. 얼마 전에야 회원명이 '몽돌'인 걸 알았다. 몽돌은 우리 집 강아지 미미가 낳은 자식들로 큰놈이 몽이, 작은 놈이 돌이였다(지금은 어미 미미와 몽이만 키우고 돌이는 오래전에 분양을 했다). 아내는 회원명이 창피하다며 바꾸려고 하는 것 같다. 그만큼 회원들과의 접속이나 교류가 넓어진 증거일 수도 있겠다.

아내는 내가 쓰던 MP3를 진작부터 넘겨받아서 애들을 시켜 이승기 곡들을 담아 수시로 틀어댔다. 밖으로 나갈 때는 이어폰까지 준비하는 철저함도 잊지 않았다. 얼마 전까지만 해도 아들 때문에 마음고생을 심하게 했는데 혹시 우울증이라도 오는 게 아닌가 하는 걱정을 하기도 했고 중년 주부의 현실이 주는 답답함에서 벗어날 수도 있겠다는 생각이 들어 아내의 승기사랑을 격려하기도 했다. "그 애가 참 똑똑하다는데…"하며 이야기를 꺼내면 이때다 싶었는지 그의 이력이 아내의 입에서 술술 나왔다. 어려서부터 공부를 잘했고 엄친아였고… 그의 사진을 어디서 구했는지 부엌 냉장고 한쪽 면에 자석으로 붙여놓고 혼자 즐거워했는데 가족사진이 그의 사진으로 인해 밀려나는 것이나 아닌지 은근히 신경이 쓰였다. 지금은 칼라의 색이 바래져서 중증 황달에 걸린 것처럼 얼굴이 누렇게 변색이 되었는데도 제 위치를 확실히 고수하고 있는 것만

봐도 그가 우리 집안에서의 위치에 변동이 올 가능성은 당분간 없어 보인다. 당시만 해도 나하고 이승기는 별 관계가 없어보였다. 아내의 성격상 내 의사와 관계없이 나를 회원에 가입시킨다든지 또는 이승기가 나오는 TV프로를 같이 보자는 등의 얘기를 하지 않을 것이기 때문에 나는 나대로 그런 아내를 옆에서 지켜보는 입장이었다.

그런데 지난 10월 하순의 어느 날 놀라운 이야기를 했다. "이승기 콘서트를 보러 가면 안될까?" 알고 보니 12월 초 서울에서 열리는 이승기의 희망 콘서트가 있었는데 토요일이기는 했지만 시간이 저녁 7시였고 마치고 내려오는 시간을 감안하면 주일날 교회에서 졸기 십상이었다. 아내는 나름대로 오랫동안 끙끙댄 모양이었다. 가고 싶기는 하지만 주변에 같이 가자고 할 사람이 마땅치 않았던 모양이다. 집안 애들에게도 개별적으로 같이 갔으면 하고 물었다가 퇴짜를 맞았던 것 같고 가까운 친구들과도 의견 접근이 어려웠던 모양이다. 고민 고민하다가 제일 만만한 나를 골랐던 것이다(신랑의 소중함을 경험할 수 있는 기회였기를…).

시간도 시간이었지만 더욱 놀라운 사실은 입장료였다. 1인당 10만 원, 둘이면 20만 원. 아니 그 돈이면 한 달 생활비의 상당 부분을 차지했고 시장에서 단돈 천 원짜리 한 장에 발품을 파는 사람이 20만 원을 짧은 두 시간 관람료로 내겠다는 사실에 놀라서 눈만 껌뻑거렸다(왕복 교통비는 어떡하고 기타 비용은 또 어쩔건데). 나는 일단은 평상심을 찾으려 했고 겉으로 전혀 놀라지 않은 듯 말했다.

"그래, 같이 가지 뭐."

아내의 얼굴에 생기가 번졌다. 그건 아무리 부인해도 속일 수 없는 낯빛이었다. 아내가 말은 그렇게 했지만 다시 생각해보면 돈이 아까워서 못 갈 걸 하는 생각도 일부 있었는데 그 생각은 곧 깨졌다. 인터넷에 들어가서 주문을 하자고 보챘다. 늦으면 좋은 자리를 놓친다고, 그렇게 해서 거금을 들여 입장권을 2매 예매했다. 볼 만한 자리를 찾다보니 아내의 눈에는 최하가 R석이었고 1인당 10만 원이었다. 나는 아내가 부담할 돈이 걱정이 되어 "내가 반을 부담할게."라고 나름으로 크게 생각하고 말했는데 아내는 대수롭지 않다는 듯이 말했다. "당신은 교통비를 부담하면 되겠네." 그러고는 한숨 지나가나 싶었는데 차량을 알아보지 않는다고 눈치를 주었다.

나는 당초 토요일 장유에서 고속버스로 출발해서 지하철로 올림픽 경기장까지 가고 돌아올 때에도 토요일 심야버스가 밤 12시 30분까지 있기에 서울에 도착하자마자 막차 앞에 있는 밤 11시 30분 차를 미리 예매할 생각이었다. 그렇지만 아내는 부산 회원카페에서 버스를 대절하는데 그걸 이용하자며 같이 인터넷을 찾아보길 원했고 늦게나마 어렵사리 돌아올 편도를 구할 수 있었고 출발 이틀 전 자리가 생긴 출발 버스의 자리까지 확보할 수 있었다(덕분에 교통비는 많이 절약되었고 이동시간도 상당히 단축되었다). 우리는 당분간 둘만 알기로 했고 누구에게도 콘서트를 간다는 말을 하지 않기로 했다(아내의 부탁이었다). 그래서 우리는 자식들까지 서울 친척 결혼식에 참석한다고 했는데 눈치가 없어도 한참 모자란 아들 녀석은 어떤 친척이냐고 별시리 꼬치꼬치 묻기도 했다(다른 때에는 정말 묻는 법이 없던 녀석인데…). 제 엄마는 답변하느라 옆에서 지켜보기 딱할 지경이었지만 나는 철저히 개입하지 않기로 했다(괜히 서로가 다른 친척을 댔다가는 꼼짝없이 들통이 날 수도 있었으므로).

드디어 12월 1일 토요일이 되었다. 아내는 전날부터 가방과 옷을 챙기느라 부지런을 떨었다. 하지만 정확히 말하면 1, 2주 전부터 평소와는 다른 모습을 감지할 수 있었다(나의 둔한 감촉으로도 충분히 감지할 수 있을 정도였다). 창원 언니에게서 겨울철 조끼도 벌써 빌려입은 모양이다. 내가 아끼던 작년 겨울에 산, 털이 달린 겨울 잠바를 꺼내더니 추우니까 이걸 입으라고 말했다(그래, 정말 오랜만의 서울 나들이겠다. TV나 컴퓨터로만 보던 이승기를 만나러 가는데 어찌 한 치도 소홀히 할 수 있으랴).

아침 9시 30분 부산역 앞에서 모이기로 했는데 아내는 내 차를 가져가길 원했고 나는 아내차를 가져가길 원했다. 나는 차가 하루 정도 주차장에 있어야 하니까 공용주차장 할인뿐 아니라 터널 이용료도 할인을 받으려면 경차가 좋을 것 같다는 주장이었고, 아내는 장거리는 아니라도 고속도로를 달리니 안전한 승용차가 좋겠고 주차장 이용도 경차는 한두 시간 면제만 해 줄 뿐이니 큰 차를 가져가자는 입장이었다(아내의 속셈은 이승기니까 경차보다는 조금 나은 차를 타자는 입장이었을 것이다). 의논 끝에 주차장 요금을 두고 틀린 사람이 만원을 내기로 했고 일단은 아내의 차를 가져가기로 했다.

조금 이른 8시 15분경 집을 출발했다. 남해고속도로를 한참 신나게 달리는 데 뭔가 잊은 것 같아 "아, 돌아가야 되겠다." 하니까 아내도 어느 정도 감을 잡았는지 "입장권 안 가져왔지?"하고 묻는다.

사실 입장권이 우편으로 왔던 날, 퇴근을 하니 아내가 보여주었고 나는 입장권을 대충 훑어보고 아내가 보는 데서 서재 책상 서랍에 넣어두었다. 아내는 아내 나름대로 입장권을 나에게 건네주었고 내가 끝까지 챙겨야 한다는 생각을 했던 것 같은데 나는 그날 서재에서 이야기 도중 입장권을 보여주기에 보고 그냥 돌려주기보다는 안전한 책상 서랍에 넣어둔다면서 아내에게 확인을 시킨 것인데 안 가져온 책임을 나에게 물으니 당황스럽기도 했다(대화가 필요해).

서로 티격태격하다가 별 수 없이 부산 톨게이트에서 벗어나 차를 돌려 집으로 다시 출발했는데 마음이 급해졌다. 나는 조수석에서 아내가 진정하기를 바라면서 전화를 걸어 인솔책임자에게 조금 늦을 수도 있다고 말했다. 집까지 한 바퀴를 돌고 다시 원점으로 돌아와 겨우 시간에 맞춰 역 앞 공용주차장에 차를 대고 큰 길 쪽 버스가 있는 쪽으로 발걸음을 옮겼다.

그런데 겨우 대기해 있던 차를 찾았는데 나를 따라오던 아내가 보이지 않았다. 휴대폰을 걸었으나 전원이 꺼져 있다는 소리뿐. 마음은 급해지고… 혼자 발을 동동 구르다보니 10여 분쯤 지나 멀리

서 아내가 걸어왔다.

화가 나기보다는 오히려 반가웠다(이산가족 상봉도 아닌데). 우리가 맨 마지막으로 차에 올랐고 가만히 둘러보니 거의 중년여자들뿐이었다. 늦게 도착한 죄로 우리는 뿔뿔이 앉을 수밖에 없었다. 아내는 아내대로 나를 찾고 있었다고 하며 갖고 있는 휴대폰은 새로 구입한 지 얼마 되지 않는 스마트폰으로 어떻게 잘못 조작되어 본의 아니게 비행기 모드가 되어 있어, 걸 수는 있어도 받을 수는 없는 상태였다(오호라, 통재라).

버스 앞자리를 아내에게 앉게 하고 조금 뒤쪽 남학생 옆자리에 앉으려다가 뒤를 돌아보니 중년의 아줌마들이 박수를 짝짝짝 쳤다. 얼떨결에 고개를 까닥해 보이고는 얼른 자리에 앉았다(옆의 남중학생은 엄마에 의해서 반 강제적으로 차에 태워졌음을 모자의 이야기 가운데 느낄 수 있었다). 버스는 우리 부부로 인해 예정보다 조금 늦게 출발했다. 관광버스는 45명 만원이었고 휴게소를 두어 군데 거쳐 늦은 점심식사를 해결했으며 오후 3시가 못되어 서울 올림픽 공원에 도착했다. 날씨는 스산했으며 조금 추웠으나 바람은 없었다.

콘서트 장소는 올림픽공원 내 체조 경기장이었는데 둘러보니 곳곳에서 천막을 치고 기념품을 팔고 있었다. 이승기를 모델로 한 2013년도 캘린더, 친필 사인이 들어간 앨범, 기타 브로마이드 사진 등이었다. 아내도 처음에는 사려고 여기저기 기웃거려 보았으나 값이 장난이 아니었다. 캘린더 한 장에 3만 원이었다. 그래도 사람들은 잘도 샀다. 생각해 보면 이해가 되기드 했다. 버스를 타고 오면서 주변에서 들은 이야기로는 이승기 사진으로 집안 한쪽 벽면을 도배한 집도 있었고 처음 1회부터 콘서트를 빠지지 않고 참석한 열성팬도 여럿 있었다. 첫날과 둘째 날 각각 1회씩 공연을 하는데 지방에서 왔지만 꼭 2회를 채우고 가는 사람들도 있었다. 그들의 이야기는 모두의 부러움이 되어 곳곳에서 짧은 탄식음이 들리기도 했다. 누구는 자식을 데리고 오기도 하고 누구는 서포터즈로 몇 차례 지원을 한 끝에 맡게 되는 행운을 누렸다고 했다.

아내와 올림픽 경기장을 벗어나 조금 걸었다. 근처 하천이 흐르고 있어 추웠지만 산책로를 따라 천천히 걸었다. 겨울이라 스산한 날씨는 곧 어둑어둑해졌고 한 시간여를 걷고서 근처 상가에서 잠시 아이쇼핑을 하고 한식으로 저녁을 먹었다. 슈퍼에서 간단한 먹을거리와 음료수를 사고 경기장으로 향하는 길을 들어서는 입구에서 아내는 야광봉을 한 개 샀다. 손잡이에 달린 스위치를 누르면 색색의 불이 반짝거렸다. 체조경기장까지 걸어오니 시간이 얼마 남지 않았기에 바로 입장했다. 입장을 하면서 보니 텐트 옆으로 이승기의 실물사진과 배경을 설치한 곳에서 줄을 길게 서서 사진을 찍고 있었다. 모두들 이승기 사진 옆에 서서 갖가지 모습을 연출하며 사진을 찍고 있었다. 아내에게도 찍어주고 싶었지만 줄이 길게 늘어서 있어 언제 차례가 돌아올지 몰라 그만두었다.

경기장 안에서는 많은 사람들이 운집하여 시작되기만을 기다리고 있었다. 체조 경기장 바닥은 앞 무대와 이어서 T형태로 스테이지를 만들고 주변은 귀빈석으로 꾸몄고 모든 좌석은 거의 만원을 이루고 있었다. 1층 R석 199번과 200번이었다. 정면으로 무대와 그리 멀지 않는 좋은 자리였다. 관람객들을 둘러보았다. 거의가 주변에서 자주 만나는 평범한 아주머니들이었다. 저들의 이승기 사랑은 식지 않는 활화산 같았다. 7시가 조금 넘자 공연이 시작되었다. 처음 등장은 와이어로프에 몸을 의지한 채 공중에서 이동하면서였는데 조명을 비추고 서서히 이승기의 모습이 드러나자 관중석에서는 환호성이 터져 나왔다. 이승기는 노래를 부르며 손을 흔들었다. 관객과 하나되는 순간이었다. 모두들 이 시간을 얼마나 기다렸을까. 어떤 사람들은 오늘이 오기를 1년을 하루같이 기다렸다고 했다(시간은 늦고 나이는 빠르니 아마도 그 사이에는 무지 어려운 공식이 숨어 있는 듯).

1부는 발라드ballade로 시작되었다. 무대 뒤에 숨겨져 있던 관현악단이 소개되고 갖가지 화려한 조명과 관현악단의 아름다운 화음, 그리고 이승기의 생생한 목소리가 하나가 되어 관중석 조명이 없는 넓은 공간을 파란 야광봉을 비롯한 갖가지 색의 빛들이 음악에 따라 물결과 같이 좌우로 출렁거렸다. 통로 건너편에 앉은 여인은 야광봉을 미처 준비하지 못했는지 두 손을 허공에서 좌우로 흔들면서 대열에 동참하고 있었다.

빔을 이용한 대형화면에서는 그의 생생한 모습을 잡아주었다. 가만히 들어보니 애잔함과 호소력이 묻어났다. 분명 이승기의 수많은 누나들은 이런 점을 놓치지 않고 있었던 것은 아닐까 하고 생각했다. 하나의 곡이 끝날 때마다 짧은 코멘트를 했는데 나이에 걸맞지 않는 관객에 대한 세심함과 배려가 담겨 있었다. 누나들은 격려의 박수를 보내고 환호했다.

1부를 마치고 잠시 쉬는 시간에는 최근 인기를 누리고 있는 아이돌이 나와 눈과 귀를 즐겁게 해 주었다. 여성과 남성보컬이 한 팀씩 나왔는데 사실 그들의 이름도 노래 제목도 알 수 있는 게 전혀 없었다(단지 그렇다고 하니 그런가 보다 할 뿐이었다). 여성보컬 멤버 소개가 끝날 무렵 멤버 중 한 명이 무대 아래 관중석을 둘러보다가 "어머, 여기 남자분 보이네."라고 말했다. 내가 괜히 쑥스러웠다.

2부 들어서는 싸이의 〈강남스타일〉을 본인이 개사를 하여 불렀다. 모두들 후렴 부분을 흥겹게 따라 불렀다. 그리고는 몇 명의 쟁쟁한 기타리스트를 소개하고 본격적으로 락Rock음악을 부르기 시작했다. 열정적이고 가슴을 뛰게 만드는 음악에 모두들 자리를 박차고 일어나 호응했다. 대한민국의 중년여성들이 어디서 이런 카타르시스를 느낄 것인가? 그들은 단지 노래를 듣는 관객에 그치는 것이 아니라 이승기와 함께 노래하고, 춤추고, 환호하고 그리고 곡이 끝날 때마다 아낌없는 박수를 보냈다. 몇 곡이 짧은 멘트와 함께 이어졌다. 마지막으로 〈내 여자라니까〉를 부를 때는 모두들 입장 때 받은 종이비행기를 접어 무대를 향해 날렸다. 수많은 종이비행기가 조명 사이에서 빛났다. 모든 누나들의 가슴에 이승기는 〈내 여자라니까〉를 외치며 어필했고 누나들은 그런 이승기의 마음에 화답하듯 마음을 담아 접었던 종이비행기를 날리며, 야광봉을 흔들며 노래를 따라 불렀다. 장장 3시간이 넘는 시간은 그렇게 흘렀다. 무대는 끝이 났지만 누나들은 선뜻 일어서지 못하고 짧았던 그 시간을 못내 아쉬워하며 발을 굴렀다. 아내도 연신 아쉬운 듯 "벌써 시간이 이렇게 됐네."를 연발했다.

버스는 11시가 넘어 올림픽 경기장을 출발했다. 드문드문 빈자리도 있었고 탑승한 이들도 모두들 말이 없었다. 피곤에 지치기도 했겠지만 무대의 감동을 떠올리며 그 긴 여운을 즐기는지도 몰랐다. 나도 의자에 깊숙이 몸을 묻었다. 차 안에서는 올라올 때와 마찬가지로 이승기의 잔잔한 목소리만 스피커를 통해 들려올 뿐이었다.

부산에 도착하여 내리다가 장유에 사는 사람을 만났다. 그녀는 중학생 딸을 데리고 참석했다(얼마나 달래고 얼렀을까?). 그들은 장유까지 택시를 타고 갈 생각이라고 했다. 그들을 차에 태우기로 했다. 주차장을 벗어나는데 주차요원이 차 소리를 듣고 잠에서 깨어 주차비를 받았다. 영수증에는 주차비 15,000원 중 경차 할인율 50% 적용, 7,500원이 찍혀 있었다. 내비에 장유면을 찍고 출발했다. 차는 새벽의 텅 빈 거리를 달렸다. 그렇게 얼마간을 내달려 장유 그녀가 살고 있는 아파트 입구에서 그들을 내려주고 차를 돌렸다. 그녀는 내리면서 얼마간 돈을 내려고 했지만 아내는 끝내 받지 않았다(우리는 똑같은 이승기 누나들이잖아요).

집에 도착하여 자리에 누우려고 보니 5시가 다 되어 있었다. 온

몸이 무너져 내리는 듯했다. 아내도 마찬가지리라. 하지만 내가 아는 아내는 피곤했겠지만 이승기의 누나는 건재했다. 이번 희망콘서트에 참여한 우리나라 중년의 누나들은 짧았던 서울 나들이를 통하여 그리고 국민 남동생 이승기를 통하여 잊었던 기쁨과 삶의 환희를 다시금 느꼈으리라. 현실의 삶은 늘 피곤하고 힘들었지만 그의 노래를 들으면서 그의 모습을 생각하면서(그의 누나로써) 내일의 희망을 꿈꾸고 그리고 입가에 빙그레 웃음을 흘렸을 것이다.

그렇다면 이승기는 이제 제 한 몸을 건사하는데 그칠 것이 아니라 자신의 노력 여하에 따라 기뻐하고 즐거워하며, 때로 안타까워하는 이 땅의 많은 누나들에게 오늘도 기쁨과 즐거움을 주기 위해 부단히 노력해야 할 부담을 안게 된 것이다. 그것은 단순한 부담 정도가 아니라 모든 이들을 향한 거룩한 부담이 되는 것이다.

아내는 서울에서 돌아온 주일 저녁시간 다시금 컴퓨터 앞에 앉아 어제 오늘 희망콘서트 관련 소식에 귀를 쫑긋거리며 인터넷의 항해를 계속하고 있었다. 아내의 항로가 언제 끝날 것이지, 종착지가 어디가 될지 현재로서는 전혀 알 수 없지만 그 항해뿐만 아니라 삶의 여정까지 언제나 잔잔한 바다와 같이 순탄하기를 간절히 기원한다.

이 겨울은 좀 더 추워야 했다

2013년 12월 14일 토요일 아침 광주로 향한 버스에 조그만 배낭을 메고 올라탔다. 사단법인 한국민족예술인총연합 창원지부(약칭 창원민예총)에서 1980년 5·18 민주화운동 33주년 기념으로 주관한 행사 5·18 추모제 '기억과 약속'에 동참하기로 했던 터였다. 애초의 시발점은 지방신문의 광고를 통해서였는데 사실 이날까지만 해도 행사를 주관한 민예총에 대하여는 잘 알지를 못했고 단지 광주에서 5·18추모제 행사를 하는 단체에 개별적으로 참여하는 것 정도로만 알고 있었다. 지금까지 5·18과 광주는 굵은 동아줄에 서로가 하나로 연결되어 있었고 나는 그런 광주를 아직 몸으로 경험하지 못한 죄(?)를 갖고 있었기에 이번에 방문하기로 결정을 한 것이다. 버스는 추운 겨울 아침 아직 어둠이 채 가시지 않은 시내를 가로질러 남해고속도로에 접어들었다.

창원민예총 사무국장이 사회를 보면서 오늘의 일정과 참석한 사람들을 소개했다. 버스에는 행사에 사용할 몇 가지 소품과 참석자가 대략 30여 명이 타고 있었는데 나를 제외하면 거의가 창원민예총 회원이었고 서로들 잘 알고 있는 듯했다. 나는 김해에서 온 박선생님으로 소개되었다. 자리에서 엉거주춤 일어서서 인사를 했다.

창원민예총에서는 벌써부터 이 행사를 기획하고 비용을 충당하기 위한 바자회 등을 실시했던 것 같았다. 민예총과의 만남은 처음이었지만 나는 오래전부터 이들과 만남이 있었던 것처럼 마음이 차분해졌다. 머리가 희끗한 서너 명 외에는 대체로 젊은 층의 남녀들이었다.

창원민예총의 대표는 크지 않은 키에 머리숱이 많고 얼굴은 오늘 행사 때문인지 사뭇 비장해 보였다. 시인이라고 했다. 그는 짧게 오늘 행사의 취지를 설명했다. 그리고 5·18 행사를 겨울에 실시하는 것에 대한 설명을 했다. 5·18은 1980년대 사건이지만 아직도 진행 중이다. 당시 학생과 민간인에 대한 군의 발포 명령자를 아직도 알 수 없다고 했다. 역사는 몇십 년이 흘렀지만 광주의 5·18은 아직 겨울에 갇혀 있다는 것이다.

사실 작금의 현실은 조금도 나아진 것이 없어 보인다. 국정원을 비롯한 군, 경찰, 선관위의 지난 대선 개입문제 처리 과정이나 채동욱 검찰총장의 혼외아들 의혹문제, 밀양 고압송전선로 설치에 따른 지역민과의 갈등, 제주 강정마을의 해군기지 건설에 따른 마찰, 교학사의 역사교과서 왜곡사태, 현 정부의 철도와 의료민영화 추진 등 아직 우리는 5·18의 연장선 위에 서 있으며 사태의 해결은 아직 요원해 보인다는 것이었다.

10시가 넘어 우리를 태운 버스가 광주 톨게이트를 들어설 때 대표는 마이크를 잡고 이른 시간 출발을 위해 아침잠을 설친 사람들이 일부 잠들어 있는 차 안을 향해 모두들 잠을 깨웠다. 우리 모두는 광주를 깨어 들어가기를 원한다고 했다. 우리는 잠에서 깨어 자세를 바로잡았다. 버스는 먼저 전남대학교 정문 앞에서 멈췄다.

한 사람씩 버스에서 내려 주위를 둘러보았다. 날씨는 맑았으나 겨울의 매서운 바람이 가로수의 낙엽을 몰고 다니고 있었다. 때로 광주의 찬 공기가 우리들의 얼굴을 때리며 지나갔다. 정문에서 조금 비켜진 곳, 5 · 18 당시 학생시위의 시발지라는 지점에서 우리는 잠시 선 그대로 묵념을 했다. 그들의 정의를 향한 외침이 멀리서 들려오는 듯했다.

참석자들이 현수막을 중심으로 둘러서서 잠시 단체 사진을 찍고 다시 버스에 탑승해 자유공원으로 향했다. 시간은 그리 오래 걸리지는 않았다. 과거 상무대 자리라고 했다. 정부에서는 그 자리를 개발하여 과거의 흔적을 없애려고 했고 광주시민들은 역사의 자리라며 그 자리를 오롯이 지키려고 했다. 그래서 그 자리는 지금도 부분적으로 남아 있다는 것이었다.

그곳에서 나는 당시의 처참했던 광경들을 목격했다. 마당에 실물과 같은 크기로 밀랍으로 만들어진 모형에는 잡혀 끌려가는 모습과 철장 속의 모습, 그리고 재판과정을 뚜렷이 보여주고 있었다. 우리가 도착할 때부터 설명을 맡은 노구의 해설가는 일일이 따라

다니며 당시의 상황을 조곤조곤 그러나 많은 나이에도 불구하고 열정적으로 설명해 주었다. 그녀는 추운 날씨에도 불구하고 나중에 길거리에 나와 우리의 공연을 끝까지 관람하고 마지막에 악수까지 나누었다.

예술단에서는 그사이 인도 주변에 무대를 만들었고 드럼비트의 난타, 경남국악단의 진혼무, 고구려예술단의 무운 검풍을 공연했고 참석자들의 많은 박수를 받았다. 추운 날씨 길거리를 종종걸음으로 걷던 시민들이 걸음을 멈추고 바라보며 호응하기도 하고 휴대폰으로 동영상이나 사진을 찍기도 했다. 30여 분의 공연이 끝나고 사전에 계약한 식당을 찾아 식사를 마치고 찾아간 곳은 국립묘지 5·18묘역이었다.

나는 버스에서 내려 멀리 이어지는 산등성과 묘지들을 한참 동안 바라보았다. 그리고 그곳에서 대기하고 있던 담당자의 안내를 받아 단체로 참배를 하고 천천히 근처 고인돌 형태로 만든 영정들을 모신 곳에 들렀다. 얼마나 많은 사연들이 저 사진들 속에 담겨 있는 것일까? 그들은 학생으로, 노동자로, 그렇게 분연히 일어서서 시대의 주어진 역할들을 감당했을 것이다. 때로 고운 신부복을 입은 처녀와 어린 여학생도 보였다. 그 수없이 진열된 사진들을 보면서 목이 메었다. 어디쯤인가 숨죽여 우는 소리도 들렸다.

우리는 떨어지지 않는 발걸음을 옮겨 5·18 구 묘역으로 이동했다. 구 묘역은 국립묘지 우측에 위치하여 지금의 묘역이 생기기 전부터 있던 망월동 공동묘지 터였고 당시 군인들은 사망한 사람들을 청소차에 실어 변두리에 있던 망우리 묘지에 무더기로 묻었다고 했다. 5 · 18재단의 공식 사망자수는 240여 명이지만 이후 유가족이나 관련된 이들이 각종 트라우마로 숨진 사람은 그 배가 넘는다고 하니 이분들이 살아왔던 삶의 무게가 얼마만한 것이었는지 짐작하기도 어렵다. 그곳에서 간이무대를 만든 뒤 김선희 님의 살풀이 춤을 그리고 포크싱어 지니, 김산의 추모노래를 들었으며 대표는 조시를 읽어 내렸다.

차가운 날씨 속에서 우리는 앉거나 우뚝 선 채로 눈으로 몸으로 보고 들었다. 그리고 마지막 순서로 그 자리에 둘러서서 〈임을 위한 행진곡〉을 합창했다. 모두들 팔을 들었다 내렸다 하면서 비장하게 불렀던 것 같다. 날씨가 몹시 추웠으므로 기타를 치는 사람의 손이 굳어 연주를 할 수 있을까 걱정했지만 생각보다 잘 해주었다.

대표는 말미에 인사말을 통해 원하기는 광주는 지금보다 좀 더 추웠으면 하고 바랬다고 했다. 아니 눈이라도 펑펑 내렸으면 했다고 말했다. 이 영령들을 마주하며 오늘 이 자리에선 우리들의 호강이 부끄럽다고 했다. 나는 고개를 숙였다. 행사를 끝내고 옆에 위치한 묘들을 천천히 둘러보았다. 군데군데 유리 틀에 사연과 편지, 채 시들지 않은 꽃이 들어 있었다.

한참 젊은 나이에 무엇이 저들을 사지로 내몰았을까? 왜 아직도 이 광기의 진실은 동토처럼 밝혀지지 못하고 갇혀 있는 것일까? 우리는 각자 숙제들을 안고 차에 올랐다. 그리고 차를 타고 돌아오는 내내 생각에 잠겼다.

민중화가 황재형 화백을 만나다

창원대학교에서 인문학 강좌가 있던 2014년 1월, 황량한 바람이 나뭇가지를 휘몰던 한겨울의 어느 날 저녁이었다. 처음 황재형 화백을 만났다. 까만 클래식 풍의 단아한 중절모를 쓰고 잘 손질된 수염과 안경으로 인해 그의 나이가 쉬 가늠되지 않았다. 벌써 몇 차례의 개인전을 열고 발표회를 열었겠지만 단상에 선 그의 음성은 수줍게 떨리는 듯했다. 추위 때문만은 아니었을 것이다.

그는 짧게 인사말을 마치고 빔을 통해 자신의 그림을 보여주며 설명을 이어 나갔다. 실내조명을 몇 개 끄긴 했지만 옆에서 비치는 조명으로 인해 그의 그림을 제대로 보기는 어려웠다. 그는 처음에는 아랑곳하지 않았지만 〈탄천의 노을〉 부분에서 하천을 흐르는 물의 톤이 옅은 것을 알고 머뭇거렸다. 잠시 후 뒤쪽 조명 몇 개만 제외한 중앙의 조명이 모두 꺼졌다. 그는 다시 말을 이어나갔다. 한 작품씩 그의 그림이 바뀔 때마다 나를 포함한 대다수 관객의 가슴이 내려앉는 듯 출렁거렸을 것이다. 화백은 대체 어쩔 속셈으로 보는 이의 속을 이렇게도 불편하게 하는 것일까? 태백 탄광촌의 살아 움직이는 듯한 화면들이 눈앞을 어지럽게 했다. 그 속에는 누구도 외면하고 싶었던 우리들의 고단하고 피폐한 삶이 응축되어 있었다. 그림은 현실보다 더 사실성 있게 눈앞에 다가왔다. 나는 여러 번 눈을 감았다.

1870년대 유럽에는 열정을 가진 화가가 있었다. 빈센트 반 고흐. 그는 엄격하고 청빈한 목사인 아버지와 정열적이고 활동적인 어머니 사이에서 태어나 어려서부터 소시민의 삶에 애정을 가지고 있었으며 가난한 광부들 사이에서 전도사로서 종교적 사명을 다하려고 탄광으로 달려갔지만 이상은 현실의 벽을 넘지 못했다.

그가 또 다른 개인적인 구원의 길로 택한 것이 화가의 길이었다. 그의 대표작으로는 〈감자를 먹는 사람들〉이 있는데 이 그림은 고흐의 인간과 영혼에 대한 시각을 잘 표현한 것으로 알려져 있다.

그림은 어두컴컴한 배경이라 음울한 이미지였지만 그 속에는 사랑이 흘러넘친다. 다 먹어도 배고플 것 같은 모자라는 감자를, 차를 따르고 있는 아내에게 권하는 남편의 모습과 배고픈 가운데 감자를 먹기 전 다른 식구들을 배려하는 듯한 젊은 여인의 선량한 눈빛, 사람보다 부족한 찻잔, 가난하여 식구 수대로 잔을 마련하지 못한 것일까? 아내는 주전자를 들어 차를 따르면서 향기로만 만족하고 있는 것인지도 모르겠다. 이렇게 식탁 위 호롱불 빛 속 아늑함 속에서 진정한 사랑이 무르익고 있는 그림이다.

황재형 화백은 고흐의 또 다른 이름이다. 그는 중앙대 미대를 졸업한 뒤 가족과 함께 태백으로 향했다. 이후 태백 탄광촌과 지역 사람들의 삶을 중심으로 기층민에 대한 연민, 소박하지만 치열한 생존의 현장을 냉철하게 직시하며 화폭에 담아나갔다. 이때의 탄광촌은 극한으로 몰린 사람들의 마지막 피난처였을 것이다. 소외받고 힘없이 내몰린 자들의 극한을 오가는 삶의 현장이기도 했다. 그는 그림만 그리고 있지 않았다. 직접 광부가 되었다. 광부가 되어 그들과 부대끼며 생활하고 시간을 내어 그림을 그렸다. 그의 삶은 인간에 대한 한없는 애정과 이 땅에 대한 사랑과 현실의 고뇌가 겹쳐진 것이었다.

그의 초창기 개인전 '쥘 흙과 뉠 땅'은 당시의 시대적 상황을 대변한 것으로써 정치적 억압에 대한 저항의 몸짓이자 자연으로 돌아가 인간 생명의 가치를 복원하기 위한 몸짓이었다. 작품의 재료도 물감 외에 흙과 석탄 등 혼합재료를 사용하여 물리적으로 사실성을 더 중시하고자 했으며 그림 속 탄광촌의 모습을 통해 잠자리가 편한 사람에게는 각성을, 불편한 잠을 자야 하는 자들에게는 위안을 주고자 했다는 작가의 뜻을 담고 있다. 이렇게 황재형은 그의 삶을 구체화시켜 나갔다. 그가 '광부화가' '탄광촌의 화가'로 인식되어지면서 민중미술가라는 이름이 붙여졌지만 이로써 그를 충분히 설명하기에는 한계에 이른다.

탄광촌의 거칠고 암울한 풍경 속에서 가난하지만 건강한 노동의 삶을 담았던 황재형의 그림은 2000년 이후 광부나 탄광촌 인물들의 모습은 대부분 사라지고 그들이 살고 있는 산촌마을이나 태백의 골목들 사이의 풍경과 같은 그림들이 주로 등장하는 일단의 변화를 보여준다.

이러한 변화는 탄광이 문을 닫고 카지노와 호텔이 들어서면서 사람들이 떠나고 마을의 모습이 변화했기 때문일 수도 있다. 심정을 드러내는 추상적인 명사들이 작품 속 제목으로 자주 등장하는가 하면 일정한 거리를 두고 바라본 강원도 산과 산골 마을의 풍경에는 현실과 대결하면서 격렬한 투쟁을 벌였던 것에서 벗어나 사물을 조용히 관조하는 원숙한 시각이 자리 잡고 있음을 볼 수 있다.

이는 그가 그림을 통해 한 인간이 얼마나 내부의 처절한 싸움을 벌여왔으며 현재에 이르게 되었는지 그리고 이제는 모든 것을 뛰어넘어 관조하고 수용하며 자신의 것으로 변화를 거듭하는 성숙한 시각을 엿볼 수 있다. 그렇게 그는 나이 60을 넘기며 삶의 진실을 찾아가는 많은 그림을 그렸다.

여기서 우리는 또다시 고흐를 만나게 된다. 고흐가 생의 열망과 고뇌를 전환시켜 예술 속에서 형상화함으로써 진정한 예술, 즉 깊은 생명감이 배어 있는 정신적 구원수단으로서의 예술, 또는 자신을 전이시켰던 예술의 단면을 우리는 여기에서 새롭게 만나게 되는 것이다.

세월이 흘러 그의 전시회 제목도 '삶의 주름, 땀의 무게'로 바뀌었다. 황재형이 태백으로 간 지 벌써 30년, 한 세대가 가고 이제 그는 또 다른 고뇌를 하고 있다. 정치와 경제의 지배시스템은 더욱 정교해졌고 살아남은 우리는 끝내 버릴 수 없는 희망을 이야기해야 하는 것이다.

"살고 있는 광부의 집이 바로 광부의 모습이고 표정이듯이 무심한 사물 하나하나의 존재감이 때론 상충하고 때론 흡수되면서 내게 다가온다."

작가의 말처럼 황량한 태백의 흙과 대지 속에서 살아 숨 쉬는 힘과 생명력, 내면의 진정성을 그의 그림에서 만나 볼 수 있다.

황재형의 밑그림은 대단히 사실적이다. 훌륭한 데생력과 묘사력을 바탕으로 밑그림을 그리고 그 위에 덧칠을 가하면서 형상을 지워나간다. 형태를 다듬어 완성해 나가는 것이 아니라 만들어 놓은 형상을 지워 버리면서 화면에 강조와 변형을 가하기 때문에 작품이 언제 완성될지 작가도 알 수가 없는 것이다. 그의 그림의 제작년도가 수년에 걸쳐져 있는 것도 이러한 이유 때문이다. 붓을 쓰지 않고 나이프로 강한 터치를 가하면서 외형적 사실성을 이끄는데 대상을 변형시키면서까지 하나의 사물이 가진 복합적 의미를 놓치지 않고 담아내는 그의 그림은 그래서 보는 이로 하여금 풍경이상의 깊은 사색을 이끌어내게 한다.

그는 그날 작품 〈아버지의 자리〉(캔버스 유채, 162.1×227.3㎝)를 직접 가져와 전시했다. 그림 속에는 늙은 광부의 얼굴이 전면에 가득하다. 그 얼굴은 그러나 우리 주위에서 흔한 얼굴이지만 결코 쉽게 지나쳐 버릴 수 있는 얼굴은 아니다. 짧게 깎은 머리와 검게 그을은 피부 위에 나타난 오랜 풍상을 거친 주름이 그의 파란했던 인생을 말하고 있는 듯하다. 그러나 무엇보다 그 그림을 압도하고 있는 것은 그의 눈이다. 약간 핏발이 선 눈의 눈동자 촛점은 희미하다. 자세히 보면 뭔가 간절히 바라는 눈빛이어서 마주하기가 어려울 것 같은데 눈가에는 눈물이 글썽하다. 그는 무엇을 저토록 희망하고 있는 것일까?

그날 그가 설명한 그림은 몇 되지 않는다. 〈황지 330〉은 그가 대학 3학년 때 그린 그림이다. 그는 강원도 탄광의 삶을 관찰하던 중 우연히 황지탄광에서 갱도 매몰사고로 사망한 광부의 작업복과 조우하게 되는데 탄가루 색깔의 작업복에는 〈황지 330〉이라는 명찰과 갱도로 출입을 확인하는 인감증만이 남아 있었다. 그는 이 작업복을 그렸다. 찢어지고 해진 작업복은 주인을 잃고 그렇게 버려져 있었던 것이고 그는 오랫동안 작업복을 바라보았다.

〈외눈박이 식사〉는 탄을 캐던 중 점심시간이 된 모양이다. 사면이 막힌 갱도에서 쭈그리고 앉아 헤드램프에 의지해 도시락의 밥을 떠서 입에 막 넣는 모습은 밥을 먹고 있는 것이라기보다는 마지막 삶의 끈을 놓치지 않으려는 절규일 수도 있을 것이다.

〈선탄부 권씨〉는 실제 인물이라고 한다. 선탄부는 탄광의 맨 앞에서 돌과 탄을 구별해 내는 역할을 맡았다. 머리에는 흰 두건을 덮어썼지만 탄가루로 인해 검게 변해버린 지가 오래인 것 같고 코, 입 또한 검게 변한 마스크로 가려 있어 나이를 가늠할 수 없는 얼굴이지만 두 눈만은 가린 것 없이 모든 것을 빨아들이는 듯 그 눈초리가 예사롭지 않다.

그 밖에도 〈탄천의 노을〉, 〈검은 산 검은 울음〉, 〈옥수수의 춤〉 등을 보았다. 〈탄천의 노을〉에서는 탄광마을의 현실이 주는 황폐함을 드러냈고, 〈검은 산 검은 울음〉은 쓸쓸하고 삭막한 폐광촌의 겨울을 견디는 힘은 작가의 따뜻한 시선 외에는 아무것도 없을 것이었다. 〈옥수수의 춤〉에서 겨울나무는 그냥 서 있는 것이 아니었다. 나무는 울고 있었다. 비록 바람에게 그 탓을 돌렸지만 나무는 더 잃을 것 없을 것 같은 벌판에서 생으로 겨울을 나고 있는 것이다.

그렇지만 따지고 보면 울고 있는 것이 어찌 이 나무뿐이었을까? 우리는 모두 누군가에게 나무가 되고 바람이 되었을 것을, 그래서 우리의 삶은 눈물과 밀접하게 연관되어 있는지도 모르겠다. 눈물이야 말로 세상을 알아가는 근원인 것을….

부드러움에 관한 소고小考

성경 잠언서 25장 15절을 보면 '부드러운 혀는 뼈를 꺾느니라.' 라는 구절이 있다. 부드러운 것이 강한 것을 이긴다는 것이다. 부드럽다는 사전적 의미는 '스치거나 닿는 느낌이 거칠지 않고 연하며 매끈하다.' 지만 여기서 말하는 것은 사전적 의미보다는 우리가 가져야 할 정신자세에 대한 이야기다.

지난 역사책을 훑어보노라면 나라나 자신의 처지가 어렵거나 곤경에 처했을 때 당시의 선비들 중에서 자신의 신념을 지키고자 애쓴 이들이 많음을 알 수 있다. 자고로 선비는 젊어 뜻을 세우고 자신의 뜻을 지켜 나가는 것이 도리라고 여겼다. 그래서 우리는 흔히 그러한 성품을 가진 자들을 가리켜 대쪽과 같은 위인이라고 불렀다. 대나무는 부러질망정 굽게 하거나 꺾을 수 없었는데 그런 대나무의 특징을 성품에 비유한 말이다. 그래서 당시의 사대부 집안에서는 전후 사정이 어떠하던지 자신의 뜻을 접어야 하거나 굽히게 되면 그것을 수치로 여겨 관직을 버리고 낙향을 하거나 심지어 자결을 하기도 했다.

오늘을 사는 우리에게도 자신의 뜻을 굽히는 것은 쉽게 결단하기 어려운 일이다. 그렇지만 21세기를 사는 우리들은 지금까지의 고정된 관념에서 벗어나 다양한 생각을 가져야 하지 않을까 하고 나름대로 생각을 해본다. 워낙 변수가 많고 시시때때로 변하는 세상에서 자신의 뜻을 세워나가는 일도 중요하지만 한편에서는 자신의 판단이 잘못되었다는 생각이 들 때 과감하게 자신의 생각을 고치고 바꾸는 일도 중요하고 꼭 필요한 일이라는 것이다.

생각해보면 자신의 뜻을 변함없이 고수한다는 말은 곧 자신의 뜻은 절대불변의 진리라고 믿는다는 것이나 마찬가지 아니겠는가? 현대사회에서 자신의 뜻과 다른 방향으로 일이 전개되는 경우를 우리는 주변에서 많이 봐오지 않았는가? 또한 자신의 판단에 따른 일이 장차 어떤 결과를 불러올 수 있을 것인지 미리 알 수 있는 사람은 아무도 없다.

그런 의미에서 우리는 섣불리 판단하는 우를 범하지 않아야 한다. 또한 결정을 내릴 때에는 단호하더라도 상황이나 환경의 변화에도 민감하여야 한다. 이 말은 카멜레온처럼 주위의 환경에 따라 자신을 바꾸는 요령을 말하는 것이 아니라 이 시대 또는 현재의 환경은 항상 가변적이기 때문에 늘 자신을 열어놓고 환경에 적절하게 대처하여야 한다는 말이다. 약은 것이 아니라 부드러워져야 한다는 말이다. 부드럽다는 것은 무엇을 말하는 것일까? 여기서는 부드러움은 어떠한 성질을 가지고 있는지 살펴보고자 한다.

부드럽다는 것은 첫째, 생명이 있다는 말이다.

반대로 굳어 있는 것은 생명이 없다는 말이 될 수도 있겠다. 갓난아기를 보자. 아기에게서 굳어 있는 부분을 볼 수 있는가? 그의 가는 손가락을 이루는 것은 기본 골격에 더하여 도톰한 피부의 탄력과 따스한 온기이다. 우리는 아기를 바라보면서 생명의 벅차오르는 환희를 느낀다.

모든 동, 식물들도 마찬가지다. 동물은 기본적으로 이동을 하여야 하므로 그에 맞게 몸이 진화되어 왔고 식물 또한 번식하여야 했으므로 꽃을 피우고 열매를 맺기 위하여 땅으로부터 영양을 흡수하고 광합성 작용을 그치지 않도록 태양과 토질에 적합한 형태로 진화해 왔다. 그러나 생명이 끝나면 모든 작용은 중지되고 그 형태로 굳어진다. 그곳에서는 차가운 몸과 죽음의 암울함만을 느낄 뿐이다.

어느 날 교회 새벽기도를 나가다가 아파트 화단에 떨어져 있는 새 한 마리를 볼 수 있었는데 그 새는 지난밤 사이에 죽은 듯했다. 허리를 굽혀 손에 올려놓자 머리에서 발끝까지 뻣뻣하게 굳어버린 조그마한 새는 몸통의 차가운 냉기가 손바닥에 느껴져 얼른 내려놓아야 했다. 살아 움직이는 것들은 고정되어 있지 않다. 때와 시기에 따라 자라거나 형태가 변하기 때문에 부드럽지 않으면 안된다.

집에서 오랫동안 강아지를 키우고 있는데 이제는 가족과 마찬가지여서 수시로 쓰다듬기도 하고 같이 뒹굴기도 한다. 어느 날 거실에서 보듬고 있는데 누군가 밖에서 벨을 눌렀다. 이 녀석이 내 품을 빠져나가려고 순간적으로 기를 쓰는데 잡고 있느라 애를 썼지만 결국에는 놓치고 말았다. 조그마한 틈새도 생기면 비집고 나가려는 강아지의 그 부드러운 몸놀림에서 생명의 끊임없는 활기를 느꼈다.

또한 부드럽다는 것은 상대방과 소통한다는 것이다. 세상은 혼자 살아갈 수 없다. 사람은 서로 도우며 살아가야 한다. 내 생각과 남의 생각을 조율하고 더 나은 생각을 유도하여야 한다. 《논어》의 〈술이述而〉 편에 이르기를 삼인행필유아사三仁行必有我師라는 말이 있다. 세 사람이 동행한다면 그 속에는 반드시 스승이 있다는 말인데 항상 자신을 겸손히 여기고 주위로부터 배우는 사람이 되어야 한다.

원래 자기주장이 강한 사람은 없다. 각 사안에 따라 각자의 지식의 폭과 깊이가 다르기 때문에 남의 말을 듣기도 하고 내 주장을 할 수도 있는 것이지 한두 사람이 모든 일을 다 알 수는 없는 일이다. 그렇기 때문에 내 생각이 백번 옳아도 내가 미처 생각하지 못한 내용을 누군가 말한다면 그 의견을 받아들여야 한다는 말이다. 민주사회가 다수결의 사회라고 하는 것은 다수결의 의견이 항상 옳지는 않겠지만 최대한 모든 사람이 수용할 수 있는 의견을 따른다는 것이다. 남의 입장을 배려하는 것은 인간만의 특권이다. 우리가 성숙할수록 자신을 내세우기보다는 주위를 둘러보는 습관도 그래서 더욱 요청된다고 할 수 있다. 우리가 많이 듣는 사회적 동물이라는 말은 더불어 살아가야 한다는 말에 다름 아니다.

그리고 부드럽다는 것은 내려놓는다는 것이다. 기득권을 포기하는 일이다.

마음을 비우면 집념이 사라진다. 우리는 이 세상에 언제까지 무엇을 하기 위해 온 것이 아니다. 살다보니 일이 생기고 목표가 생기고 집념이 생겼다. 그런데 생각해보면 그것들이 나를 얽어맨다. 나는 자유롭게 살고 싶은데 역으로 살아가다보면 그런 것들을 버릴 수 없다. 일의 선후가 바뀌고 전도가 된 것이다. 우리는 살면서 이런 경험을 자주 하게 된다. 그럴 때마다 이러한 문제를 해결하기 위해 다양한 방법들을 찾게 되는데 마음을 다스리는 방법을 배우기도 하고 더러 종교를 가지기도 하고 일부는 세상을 벗어나 종교에 귀의하기도 한다. 생명을 주신 뜻을 찾는 것이다. 그래서 자신을 다시 본래의 자신으로 회기回期하게 하는 것이다. 이러한 사람들의 특징은 그 마음이 항상 열려 있다는 것이다. 막힘이 없고 억지가 없다. 모든 것이 물 흐르듯 순리대로 행한다.

그렇더라도 내려놓는다는 것은 어려운 일이다. 말처럼 그렇게 쉬운 일이 아니다. 그렇게만 된다면 이 세상의 모든 고통이나 어려움을 겪을 사람들이 얼마나 되겠는가? 따지고 보면 알면서 행하지 못하는 것만큼 어리석은 것도 없다.

마지막으로 부드럽다는 것은 사랑한다는 것이다.

사랑의 마음만이 모든 것을 녹일 수 있다. 대표적인 것을 꼽으라면 자녀를 향한 부모의 마음이다. 자녀가 아프면 그것이 안쓰러워 자신이 대신 아플 수만 있다면 생각하는 게 부모의 마음이다. 사랑을 떠나서는 이해할 수 없고 사랑 이외로는 달리 설명할 방법도 없다.

사랑도 세월을 타는 것인지 요즘은 워낙 사랑이 난무하니 어디서나 사랑은 떠나지 않는 것 같은데 세상은 더 험해진 것 같다. 전화만 들어도 '사랑합니다. 고객님' 이란 말을 듣는 세상이 되어버렸다. 입에 발린 말이 되어버렸다. 그런데 사랑은 말이 아니라 행동이고 실천이다.

배고픈 이에게 말로써 배부르게 할 수는 없다. 그에게는 우선 빵이 필요하다. 헐벗은 자에게는 추위를 견딜 수 있는 옷이 급하고 다친 자에게는 아픈 상처를 치료해 주어야 한다. 예수님은 선한 사마리아인이 먼 길을 가다 다친 자를 만나 그에게 베푼 행실을 이야기하면서 우리에게 말씀하신다. '너도 가서 이와 같이 하라.'

살면서 진심으로 사랑했던 적이 얼마나 있었는지 생각해 볼 일이다. 에로스의 사랑도 좋지만 부모의 마음과 같은 사랑, 그저 값없이 주는 사랑. 우리가 어렸을 때 부모로부터 받았던 그 사랑을 이제 우리의 자녀에게뿐만이 아니라 이웃에게도 베푸는 삶을 살게 되기를 기원해 본다.

서두에 얘기했듯이 자신의 뜻을 바꾸는 것 또한 큰 용기와 결단이 필요하다. 자신을 끊임없이 단련하는 사람은 자신의 실수와 실패를 두려워하지 않는 법이다. 그 실수와 실패를 딛고 우리는 성장하기 때문이다. 아픈 만큼 성숙해지는 것은 어쩌면 이 시대를 사는 우리에게 있어 꼭 필요한 일인지도 모르겠다.

다만 여기서 꼭 밝히고 넘어가야 할 것은 자신의 뜻을 불가피하게 바꾸게 된 계기가 무엇이냐는 것이다. 자신의 손익계산에 의한 것은 아닌지, 아니면 자신은 지금 당장 어려움을 겪더라도 옳다는 신념에 의한 것인지를 냉정하게 판단하는 일이 선행되어야 한다는 것이다. 그러한 마음가짐으로 살아갈 때 우리는 주위로부터 부드러운 사람으로 불릴 수 있을 것이다.

절망에 기대니 마음이 편하다

해바라기의 화가 고흐

—《반 고흐, 영혼의 편지》를 읽고

영혼의 화가, 태양의 화가라고 불리는 반 고흐, 세계 미술계의 큰 발자취를 남긴 그는 1853년 3월 30일 네덜란드의 북쪽에 있는 한 작은 마을에서 태어났다. 어려서부터 숙부 덕분에 미술품 매매점 수습사원으로 일하기도 했던 그는 엄격하고 보수적인 칼뱅파의 목사였던 아버지의 뒤를 이어 신학대학에 들어가기도 했으나 신에 대한 이론적 학습과 실제로 복음을 전파하려는 갈등 사이에서 방황하기도 했다.

신학대학을 중도에 포기한 그는 전도사가 되어 가난한 광부들에게 복음을 전하기 위해 벨기에의 탄광지역으로 갔으나 그의 지나치게 엄격한 태도와 광적인 신앙심, 가난한 사람에 대한 봉사정신으로 인해 다른 종교인과 마찰을 빚기도 했다. 그 뒤 그는 자연스럽게 그림에 관심을 갖게 되었고 그가 전업 화가가 되겠다고 결심했을 때 동생 테오는 경제적인 지원을 약속했다.

그는 37세의 짧은 일생을 사는 동안 가난과 고독 속에서 몸부림쳤다. 구혼은 늘 거절당했고 부모와의 불화, 경제적인 형편 등 여러 가지 이유로 하여 많은 곳을 전전해야만 했다. 후원자이자 동반자이던 동생 테오와 나눈 편지를 통해 그 당시 가난과 고독 속에서 방황하는 모습을 엿볼 수 있다.

동생 테오에게는 생전에 668통이나 되는 많은 편지를 보냈으며 그밖에도 어머니, 여동생 윌, 고갱, 베르나르에게 보낸 편지도 다수 있다. 그는 편지를 통해 당시 그가 생각하고 겪었던 일들을 소상하게 밝히고 있다. 그러나 안타깝게도 이 편지들의 내용은 한결같이 한 천재적인 젊은 청년 앞에 가로놓인 궁핍과 번민 등 당시 그의 불투명했던 상황을 진솔하게 그려내고 있을 뿐이다.

그는 열정적으로 많은 그림을 그렸다. 본격적으로 그림을 그리기 시작한 1881년 그의 나이 28세부터 권총으로 생을 마감한 1890년까지 그린 그림은 모두 879점이나 된다. 불후의 명작 〈해바라기〉, 〈별이 빛나는 밤〉 등을 남겼지만 생전의 그는 지독한 가난으로 그림물감 값을 걱정할 정도였다.

말년에 그는 과거 실연의 상처와 가난, 요양원 생활로 이어지는 간질성 발작증세 등으로 심한 고통을 받았다. 그는 화실에서 그림을 그리다가도 발작으로 물감 튜브를 빨아먹는 등의 증세를 보이다가 진정되면 그림을 그리곤 했다.

그의 나이 35세 때, 평소 젊은 화가들과 편지를 주고받던 중 당시 살고 있던 노란 집을 아틀리에로 꾸며 화가 공동체의 거점으로 삼으려고 했고 먼저 고갱을 초대했으며 그 해 10월부터는 고갱과 공동생활을 하기도 했다.

둘은 초기에 많은 그림을 그렸다. 그러나 얼마 지나지 않아 그들의 예술에 대한 견해 차이로 불화가 생기고 그 과정에서 고갱에게 칼을 들이대기도 했으나 결국 자신의 한쪽 귀를 자르고 만다. 당시 그는 자주 환각증세에 시달렸다. 의사를 통해 치료를 받기도 했으나 완치되기는 어려웠다.

숨을 거두기 얼마 전인 1890년 6월 그는 동생 테오와 돈 문제로 심하게 다투었다. 당시 그의 마음은 조금의 여유조차 없었는지도 모른다. 그리고 그 해 7월 27일 그는 초라한 다락방의 침대 위에서 스스로의 가슴에 총탄을 겨누고 만다. 급히 의사가 달려오고 이튿날 파리에 있던 동생 테오도 달려왔지만 29일 새벽 1시 30분 동생의 품에 안긴 채 "이 모든 것이 끝났으면 좋겠다."는 말을 남기고 파란 가득한 생을 마감했다.

책의 말미에는 당시 고갱이 베르네르에게 보낸 편지의 일부분을 적어놓고 있다.

> 고흐가 세상을 떠났다는 소리를 들었네. 정말 슬픈 일이네. 그러나 나는 그렇게 슬프지는 않네. 그 가여운 친구가 자신의 광기 때문에 얼마나 힘들어했는지를 알기 때문이네. 지금 세상을 떠난 것이 그에게는 오히려 다행이라고 할까? 이 세상을 떠남으로써 고통에

서 벗어날 수 있고 환생하여 그가 전생에서 한 훌륭한 일로 보답받을 수 있을 테니까(불교의 교리를 따른다면).

열정적인 젊은 화가는 그렇게 우리 곁을 떠나갔다. 그리고 이제 우리 앞에는 그의 그림만이 남겨졌을 뿐이다. 우리는 단지 그가 남긴 작품을 통해 당시 그의 아픔을 이해하고 그의 외로움이 얼마나 깊었는가를 가름해 볼 수 있을 뿐이다.

비전향 장기수 허영철의 삶

—《역사는 한 번도 나를 비껴가지 않았다》를 읽고

어렸을 적 "나는 공산당이 싫어요."라며 외치다가 죽은 이용복 소년은 우리들의 우상이었다. 그를 주인공으로 한 영화를 학교에서 단체 관람으로 가서 보았을 때 우리는 누구랄 것도 없이 공산당에 치를 떨었다. 얼마나 공산당에 대한 세뇌교육을 받았는지 그들을 인간의 탈을 쓴 빨갱이 정도로 알았다. 빨갱이는 인간성을 상실하여 인간으로서는 할 수 없는 행동을 마음대로 저지르기도 하고 살인을 대수롭지 않게 생각하는, 내게는 한마디로 철면피와 같은 존재였다. 그렇게 우리는 분단된 나라에서 지금까지 살아왔다.

이 책의 주인공 허영철은 전라도 부안의 가난한 농가에서 1920년에 태어나 나라 잃은 백성으로서 일제의 식민지시대를 살았고 해방을 맞아 지역의 뜻있는 사람들과 함께 독립국가 건설에 자발적으로 나서게 된다.

그러다가 1950년 6·25를 맞아 고향인 부안이 북한군에게 장기간 점령되자 그때까지 남한을 실질적으로 점령했던 미국에 의해 강제로 해산되었던 인민위원회를 재건하는 등 자주적인 개혁사업을 추진하였고 정치에 대하여 더 공부할 욕심으로 정치학원의 학생으로 추천을 받아 서울로 갔으나 연합군의 인천상륙작전에 밀려 퇴로가 끊어지는 바람에 평양으로 가게 되었다.

그 당시 평양 또한 미군의 폭격으로 불바다가 되어 있었고 그는 당분간 중국 동북지방의 학교에서 공부를 하게 되었으며 학교를 마치고 돌아와 지방정부의 인민위원회 부위원장, 위원장을 두루 거치면서 실무사업도 익히게 되었다.

1953년 7월, 3년여의 전쟁이 끝나고 그는 북에서 인민들이 전후복구사업에 열심히 일어서는 모습을 보기도 하고 1950년 4월 제네바회의에서 통일을 내세우는 북한의 주장이 미국에 의해 무산되는 모습을 보면서 그는 미국에 대한 적개심과 함께 사회주의에 깊이 발을 들여놓게 된다. 그는 당시 북한의 정당한 주장이 남한에 제대로 전달되지 못하자 이를 알리고 통일을 촉진시키기 위하여 1954년 8월, 남으로 내려오게 된다.

그리고 1년이 경과할 무렵 체포당하게 된다. 죄명은 국가보안법위반과 간첩 미수죄로 무기형을 받았고 여러 교도소를 거쳐 만 36년이 지난 1991년 2월 출감하게 된다. 그의 사상적 판단과 이에 따른 행동기간은 해방 이후 6·25를 기점으로 체포될 때까지 불과 4년 남짓하지만 옥고를 치른 기간은 36년에 이른다. 한 인간으로써 활동기 대부분을 감옥에서 보냈다. 부모의 요구에 따라 치른 혼사는 아내와 동거한 지 몇 달을 넘기지 못했으니 민족의 분단과 이에 따른 당시대의 슬픈 자화상이 아닐 수 없다.

그에게 있어 공산주의는 좌익이나 그런 것보다는 계몽운동을 통해 잃어버린 나라의 국권을 회복해야 한다는 믿음과 마르크스와 엥겔스의 《공산당 선언》이라는 책을 읽고 느꼈던 노동의 신성함과 노동자야말로 앞으로 새로운 세계의 주인이 될 것이라는 말에 크게 공감하였기 때문이라고 한다.

그러면 앞에서 이야기한 바와 같이 우리에게 있어 공산주의는 무엇이었을까 하는 의문을 지울 수 없다. 불행하게도 우리 역시 시대의 피해자일 수밖에 없는 현실이 가슴 아프다. 이승만 정권에서부터 출발하여 박정희 시대를 넘어 현재에 이르기까지 우리는 반공이데올로기에 갇혀 한 걸음도 더 앞으로 나갈 수 없었음을 고백해야겠다.

남과 북이 대치하면서 무엇보다 반공이 국시가 되었고 국가보안법을 위시한 관련법은 엄격해졌으며 이 잣대는 무소불위의 능력을 갖고 있었다. 이를 타파하고자 했던 대학생 등 민주인사에 의해 많은 사건들이 있었지만 그 벽은 깨뜨릴 수 없었고 그럴수록 더욱 높이 쌓아졌으며, 더욱 확고해졌다.

이로 인해 많은 사람들이 죽거나 전과자가 되었으며 지금도 음지에서 신음하고 있는 사람들이 부지기수다. 때로 진상을 촉구하는 국회 차원의 위원회 활동이나 민간단체 등에서 규명운동도 있었지만 극히 일부분이었고 또 다행히 진상을 규명한다 해도 사회의 유지를 위해 진실을 제대로 밝히기에는 어려은 점도 많았을 것이다.

자본주의는 자본의 소유 정도에 따라 계급이 분류되고 치열한 경쟁이 당연시된다. 이런 사회는 서로가 물고 물리는 사회이기 때문에 인간적이지 못하고 상대방을 단지 경쟁의 상대로 볼 뿐이다. 허영철에 의하면 북한에는 학습조직을 하는데 호조반을 둔다고 한다. 이는 수준이 높은 사람이 낮은 사람을 도와주도록 짝을 짓는 것으로 호조반을 조직해서 좋은 성적을 올리면 돕는 사람이나 받는 사람이 모두 칭찬을 받게 되고 그래서 모두가 우등이 될 수 있다고 한다. 이것은 자신만을 위한 수단과 방법을 가리지 않고 경쟁하는 자본주의의 무한 경쟁사회와 근본적으로 다른 것이다.

그에게 있어 인민은 시대를 각성하는 사람들이다. 그렇기 때문에 인민은 제 혼자 살 궁리를 하지 않는다. 국가를 중요시하고 국가의 요구에 자신을 헌신하여야 한다. 그는 그랬기 때문에 북의 인민공화국을 그리며 옥살이 긴 기간을 참고 견뎌냈다고 한다.

사회주의 이론이 나무랄 데가 없다면 소련이나 동구권은 왜 무너졌는가. 이것은 허영철이 궁금하게 생각하는 부분이기도 했다. 석방 뒤 2005년도에 그는 북한에 다녀오면서 북한 안내원에게 이 질문을 한다. 그때 이런 답을 듣게된다. '막스 · 레닌주의 사상이 사회주의 지도사상이었던 것은 맞지만 이제는 낡은 사상이 되어 버렸다. 역사는 끊임없이 바뀌고 그 새로운 역사에 맞게 자기 사상을 가져야 하는데 불행히 그러지 못했다. 시대와 역사에 맞게 새로

운 사상으로 개척해 나가지 못한 것이 동구권 패배의 원인이라고 당은 규명한다.'

허영철, 그가 선택한 사회주의 사상은 우리 민족이 다같이 행복하게 살고자 했던 사상이었고 격변하는 시대에 그의 삶을 지탱해 준 이론이기도 했다. 그리고 그의 사상의 밑바탕은 언제나 사람이었다. 그렇지만 그는 이 사상으로 말미암아 무자비한 고문과 형벌을 받아 평생을 감옥에서 지냈으니 역사의 아이러니가 아닐 수 없다.

그는 아직도 비전향이라는 이름을 달고 다닌다. 아직도 북한에서의 몇 년을 잊지 못한다. 자신의 인생에서 가장 소중한 시간이었다고 회상한다. 일하면서 배우고 실천에서 경험을 쌓는 새로운 세상이었고 이 땅에서 미 제국주의의 세력을 물리치고 자주적으로 통일을 이룩하려는 열의로 가득 차 있었던 시간이었다. 누가 그를 욕할 수 있을 것인가?

노동운동가 전태일의 생애

—《전태일 평전》을 읽고

《전태일 평전》이 이미 오래전에 출간되었다는 사실을 알고부터 언제 한번 시간을 내어 꼭 읽어야겠다는 생각을 가져왔다. 왜 꼭 읽어야겠다는 생각을 했는지 모르겠다. 하지만 그렇게 생각한 이후 그것은 내게 오랜 부담감으로 남아 있었다. 때로 읽을 기회가 찾아오기도 했다. 그렇지만 그때마다 다른 급한 일이 생긴다던지 아니면 또 다른 책을 구하거나 빌려보게 되다보니 어쩔 수 없이 지금까지 미루어졌던 것 같다.

최근 학교 도서실을 통해 책을 손에 쥐게 되었다. 책은 단숨에 읽었다. 해방되던 당시로부터 시작하여 6·25를 거쳐 1960~70년대를 살던 우리네 생활상은 누구나 그랬겠지만 전태일의 가정 역시 힘든 가난의 굴레에서 벗어나지 못했다. 그는 1948년 해방과 더불어 찾아온 사회의 온갖 혼란과 격동 가운데 태어나 불행한 어린 시절을 보냈다.

그의 아버지는 피복제조업 계통의 봉제 노동자였는데 당시 소규모 피복제조업이 그랬던 것처럼 수요의 변동이나 외상거래의 불안에 영향을 받는 투기성이 농후한 일이어서 여러 차례 사업에 실패를 하면서 가족들을 빈털털이로 만들고 길거리로 내몰았다. 어쩌다 미싱 한 대라도 들여놓게 되면 가족들과 별 탈 없이 어울려 지냈지만 그러다가 일이 틀어지기라도 하면 폭음과 술주정으로 죄없는 아내와 자식들에게 욕설과 매질을 퍼붓는 생활이 이어졌다.

그의 어머니 이소선 씨는 연약한 몸이었지만 매우 명석한 두뇌와 강인한 정신력을 가진 사람이었다. 그녀의 친아버지는 항일독립운동에 가담하였다는 혐의로 일제에 의해 학살되었으며 그 뒤 개가한 어머니를 따라 의붓아버지 밑에서 농사일에 혹사당하였으며 처녀시절에는 정신대로 일본 땅에 끌려가 강제노동을 당하기도 하였다. 전태일은 어머니의 영향을 많이 받았는데 그가 분신을 하였을 때 그의 친척들은 입을 모아 "이소선이 결국 제 아들을 죽였다."고 하였을 정도였다.

태일은 어린 시절 가출, 노동, 방황을 밥 먹듯이 하였다. 불과 초등학교 4학년의 나이에 신문팔이를 시작하였다. 학교를 다니면서 수업을 파하고 남는 시간에 신문을 팔아 가족의 식비를 벌어야 했는데 그것도 잠시 얼마 후에는 아주 학교를 중퇴해 버리게 된다. 당시 아버지는 크게 벌였던 사업의 실패로 폭음이 심하였고 어머니는 사업의 실패에 충격을 받아 정신 이상자가 되다시피 하였으므로 장남이었던 태일이가 여섯 식구의 생계를 떠맡게 되었던 것이다. 그는 먹고 살기 위해 갖은 노력을 다했지만 어린 나이로 할 수 있는 일은 생각만큼 많지 않았다.

나중에는 가출을 하기도 했다. 처음 집을 나갔을 때에는 물건을 위탁받아 판매하고 월말마다 정산을 하던 당시 급하게 생활비에 우선 당겨쓴 돈을 갚지 못해서였는데 나중에는 사업이 어려울 때마다 자식들을 괴롭히는 아버지로 인해 여동생을 데리고 가출을 하기도 했다. 태일은 일단 서울에서 자리를 잡을 생각으로 구두닦이 일에 매달렸는데 구두닦이만으로 모자라면 신문팔이, 한밤중 담배꽁초 줍기, 여름철 아이스케이크 장사, 비 오는 날 우산장사, 때로 손수레 뒤밀이 등 가리지 않고 일했는데 이때가 겨우 태일의 나이 16살이었다.

그렇게 힘든 방랑이 계속되다가 평화시장의 노동자로 첫발을 들여놓게 되는데 그 동기는 따로 있었다. 어느 날인가 태일은 구두를 닦으러 돌아다니다가 평화시장 근처 학생복 집에서 '시다 구함' 이라고 써 붙인 광고를 보았는데 이튿날 몸을 깨끗이 씻고 옷을 빨고 다려입은 후 찾아가자 주인은 별 말없이 취직을 시켰다. 그때부터 그는 오랜 기간의 떠돌이생활을 청산하고 임금노동자로서의 생활을 시작했던 것이다.

그렇지만 그는 얼마 지나지 않아 노동지옥을 경험하게 된다. 당시 그들의 생활은 매우 열악했다. 주로 13~14살짜리의 아이들이 평화시장 3층의 작업장에서 일했는데 대개 약 8평의 작업장에는 재단 판과 열댓 대의 재봉대와 그것에 맞붙은 시다 판들이 가뜩이나 비좁은 방안에 들어차는데 대략 32명이 일하게 된다. 바닥에서 천장까지의 높이는 약 1.5미터 정도. 이런 곳을 가리켜 저 악명 높은 다락방이라고 불린다.

원래 높이가 3미터 정도의 방을 공중으로 수평으로 칸막이를 하여 그것을 방 두 개로 만든 것이다. 그러기에 여공들은 허리를 제대로 펴고 걸을 수 없었다. 이 밀폐된 닭장 같은 곳에서 그들은 아침 8시부터 밤 11시까지 노동을 했다. 작업 도중 변소를 한번 가려해도 주인아저씨와 미싱사 언니들의 눈치를 보아야 했다.

가장 힘든 일은 다리미질이었는데 겨우 열서너 살 소녀가 고사리 같은 손으로 열을 훅훅 품어내는 그 무거운 다리미를 들고 옷감이 눌지 않도록 온 신경을 써가며 다리미질을 하는 것이다. 조금이라도 잘못했을 때에는 하루에도 몇 번씩 야단을 맞았다. 기름 냄새, 땀 냄새, 원단에서 나는 냄새, 옷감을 자르고 재봉할 때마다 풍기는 먼지 속에 둘러싸여 하루를 보내다보면 눈에서는 눈물이, 코에서는 시커먼 콧물이 나왔다.

일거리가 밀리면 야간작업을 하여야 했는데 연거푸 이틀 밤, 사흘 밤을 일하기도 예사였다. 졸지 말고 일하라고 주인아저씨가 사다준 잠 안 오는 약을 먹고 억지로 밤을 세워 일하고 나면 다음날에는 팔다리가 제대로 펴지지 않고 눈만 멀뚱멀뚱한 산송장이 되는 일도 있었다.

집에서 쉬는 날이라고는 한 달에 이틀뿐. 평화시장의 열세 살 소녀는 햇빛도 통하지 않는 어두운 작업장에서 하루에 14시간 이상 그렇게 일해야 했다. 이렇게 일해도 한 달에 평균 임금은 3,000원(1970년 기준) 왕복 교통비를 제하면 별로 남는 게 없었다.

당시 평화시장은 1961년 평화시장 건물이 들어선 이래 1968년 통일상가, 1969년 동화시장이 들어와 이들 3개 시장의 작업장은 800여 개, 노동자는 2만여 명을 웃돌았다. 이들은 당시 전국의 기성복 수요 약 70%를 충족시키고 있었다. 당시 이곳의 업주들은 처음에 적은 자본으로 미싱 서너 대를 놓고 사업을 시작한 이후 불과 1~2년 사이에 스무 대, 서른 대의 미싱을 갖추고 사업을 벌이는 일이 비일비재하였다.

노동자들의 직종은 대체로 재단사, 재단보조, 미싱사, 미싱보조, 시다 등으로 나눌 수 있는데 이 중 미싱사와 시다는 대부분 여공들이고 재단사와 재단보조는 주로 남자들로서 평화시장 일대를 통틀어 여공들이 약 80~90%를 차지하고 있었다.

'시다'란 미싱사가 일할 수 있도록 보조해주는 것으로 하루종일 다리미질과 실밥 뜯는 일, 실과 단추를 나르는 일로부터 업주나 미싱사나 재단사의 잔심부름까지 해야 하는 무척 힘겨운 일을 하고 있었다. 이들은 대개 가정이 어려워 진학을 하지 못한 12~15살의 소녀들로 기술을 배워 집안을 돕겠다는 생각으로 들어왔던 것이다.

전태일은 처음 시다로 들어가서 하루 14시간 노동에 일당은 커피 한잔 값 정도인 50원을 받았는데 처음에는 그런 것까지 생각할 여유가 없었다. 빨리 기술자가 되어야 한다는 생각이 그의 전부였다.

미싱 일을 시작하면서부터 태일의 가족이 모여 살기 시작했다. 그는 이제 청년노동자로 성숙해가고 있었던 것이다. 2년 가까운 세월이 흐르는 동안 그의 생각도 많은 변화를 가져왔다. 이제는 노동조건을 비판적으로 보기 시작했던 것이다. 그래서 그는 당시 미싱사가 되어 있었지만 재단사가 되기로 결심을 굳힌다.

재단사는 다른 직공에 대한 영향이 절대적인 것도 있었지만 업주 측에서도 만만하게 다루기 어려웠다. 작업장 안의 실력자로써 업주의 돈벌이에 중대한 영향을 미칠 수 있는 존재로써 스스로 재단사가 되어서 자기가 일하는 공장의 어린 노동자들을 개인적으로 돌봐주기도 하고 그 공장 안에서 노동자들 편에서 업주로부터 정당한 타협을 이끌어내는데 그 목적이 있었다고 보여진다.

그는 점심을 굶고 있는 어린 시다들에게 버스 값을 털어서 1원짜리 풀빵을 사주고 퇴근 후 청계천 6가에서 도봉산까지 두세 시간의 길을 걸어가기도 했다. 그러다가 통금시간에 걸려 파출소에서 밤을 세우기도 했는데 이런 일이 되풀이되다 보니 파출소 순경들도 사정을 알고 그냥 통과시켜 주어 밤 1시나 2시가 넘어 집에 들어오는 일이 버릇처럼 되었다고 하는데 이것은 그가 죽을 때까지 3, 4년 동안 계속되었다.

그는 어렵게 재단사가 되었지만 재단사가 되어서도 어린 여공들을 돕기에는 한계가 있었다. 그들의 사정을 속속들이 알게 될수록 그는 일개 재단사에 불과한 자신의 힘만으로는 그들의 근본적인 문제를 해결하기가 너무나도 미약하다는 것을 절실히 느꼈다. 뿐만 아니라 업주들은 그가 그 미약한 힘으로나마 시다들에게 해줄 수 있는 온정을 베푸는 것까지도 간섭하고 못하게 하였다.

어느 날 한 미싱사 처녀가 일을 하다가 새빨간 핏덩이를 재봉틀 위에 왈칵 토해내는 일이 있었다. 태일이 급히 돈을 걷어서 병원에 가보니 폐병 3기라는 것이다. 당시 평화시장의 직업병 중의 하나였다. 그 여공은 해고되고 말았다.

이 사건이 그에게 준 충격은 매우 컸다. 이러한 여공들의 참상은 전태일이 본격적인 노동운동에 뛰어든 이후 그가 기력이 약해질 때마다 끊임없이 그를 일깨우고 쇠잔해가는 투지를 다시 불러일으키는 동력이 되었다. 죽어가는 저 여공들을 살리자. 우리의 생명과 건강을 갉아먹고 삶의 모든 기쁨과 보람을 앗아가는 저 비정한 현실을 내 힘으로 바꾸어보자.

그 뒤 그는 아버지를 통해 노동문제를 배우기 시작했으며 돈을 들여 노동법 해설과 관련된 책을 구입하게 된다. 그 사이 업주는 재단사 전태일을 해고시키는데 재단사가 미싱사와 시다들의 사정을 들어주고 생각해주는 것이 이로울 리 없었던 것이다. 그저 시키는 대로 묵묵히 일만 하는 종업원이 필요했던 것이다. 그는 곧 다른 곳으로 자리를 옮겼지만 그때부터 과거의 전태일은 아니었다.

그는 주위의 친구들을 포섭해 노동운동의 첫 단계로 바보회를 조직하게 된다. 바보회라는 이름을 가지게 된 이유는 노동자들이 당당히 대접을 받으며 살 권리가 엄연히 있는데도 불구하고 여태껏 기계 취급을 받으며 업주들에게 부당한 학대를 받으면서도 찍소리 한번 못하고 살아왔다. 그러니 우리 재단사의 모임은 바보들의 모임이다. 그렇게 바보회를 결성했지만 지금 돌이켜 생각해보면 그러나 과연 누가 바보인가 되묻게 된다. 전태일과 그의 친구들은 똑똑한 인간, 약삭빠른 인간이 되기를 거부하고 스스로 바보라고 선언하였던 것은 아니었을까?

그로부터 얼마 후 아버지가 숨지자 그는 수시로 다방에서 모이던 모임을 돈을 아끼기 위해 집을 회합장소로 사용하였다. 바보회는 몇 가지 활동지침이 있었다. 대략적으로 살펴보면 평화시장 일대 3만 근로자들이 근로기준법대로 준수할 수 있도록 투쟁하는 것과 이 일을 위해 조직을 튼튼히 하고 확장하여야 한다는 것. 그리고 당장에 필요한 근로자들의 노동실태를 조사하는 일과 돈 많은 독지가를 찾아내어 근로기준법을 준수하는 모범업체를 만들자는 네 가지 사항이었다. 전태일은 이러한 일을 벌여나가다가 또다시 직장에서 쫓겨나 두달 가량 노동판을 돌아다녔다.

그러나 바보회가 오래가지 못했다. 회원들은 각자 직장에서 힘든 날을 보내고 있었으며 활동은 거의 정지 상태에 머물러 있었다. 그 당시 그는 시간이 날 때마다 자신을 돌이켜보고 고달픈 자신의 삶의 발자취를 돌아보고는 했다.

그러던 중 1970년 5월경 그는 집이 철거를 당하게 되어 마땅히 갈 곳이 없게 되자 임마누엘 수도원이란 삼각산 기슭에 자리 잡은 작은 기도원에서 교회공사가 있는 것을 듣고 그곳에서 건물 신축장 인부 노릇을 하면서 5개월가량 생활하게 된다. 그는 이때 어떤 중대한 결심을 하게 되는데 그의 남겨진 일기장이 당시 생각의 일단을 나타내고 있다. '나를 버리고 나를 죽이고 가마. 조금만 참고 견디어라. 너희의 곁을 떠나지 않기 위해 나약한 나를 다 바치마.' 바로 이것이 그가 삼각산에서 돌을 깨고 장작을 져 나르던 몇 개월 동안의 깨달음이었던 것이다.

그 뒤 그는 다시 평화시장에 모습을 나타나게 된다. 머리를 짧게 깎은 그를 보고 사람들은 큰집에 갔다 온 모양이라며 수군거렸다. 취직이 된 태일은 틈나는대로 서울시청, 노동청 등을 찾아 진정서를 내기도 하고 신문기자를 만나거나 방송국을 찾아가기도 했다. 다시 바보회의 회원들을 규합하여 모임을 갖고 이름도 삼동친목회로 바꾸었다. 이것은 그동안 바보회가 별 활동도 없었거니와 오래되기도 하였으므로 회원들이 많이 바뀌어 면모를 일신한다는 것이었는데 삼동은 평화시장, 동화시장, 통일상가의 세 건물을 지칭한 것이었다. 바보회와 다른 것이 있다면 바보회가 기업주나 노동당국에 자신들의 노동현실을 바로잡기 위해 진정하고 호소하는 것이었다면 삼동회는 비인간적인 노동현실을 폭로하고 투쟁할 것을 활동지침으로 삼은 것이다.

그러다가 그해 10월 노동청에 진술서를 낸 다음날 태일의 노력의 결과로 시내 석간신문에 평화시장의 참상에 관한 기사가 실렸다. 그날 경향신문 1면 톱기사는 '골방서 하루 16시간 노동'이라는 표제가 실렸다. 그들은 환호했다. 신문을 구입해 평화시장에서 신문을 돌렸다. 이제는 뭔가 조금은 달라질 것 같았다.

그러나 그들의 기대와는 달리 이후 시장 측과 노동청 등에서는 그들을 회유하기에 바빴으며 가시적인 변화는 찾아오지 않았다. 변화된 것이 있다면 지금까지와는 달리 회원들이 건의서를 적어 평화시장 사무실을 찾아가 따지는 정도였는데 그것도 그때뿐이었다. 그들은 또다시 흔들리기 시작했다.

1970년 11월 13일. 그날은 전태일이 몸으로 세상에 이야기한 날이다. 근로기준법을 준수하라. 우리는 기계가 아니다. 노동자들을 혹사하지 마라. 내 죽음을 헛되이 하지 마라. 불길에 휩싸인 그의 몸은 옷의 엉덩이 부분을 제외하고는 전신이 숯처럼 시커멓게 타고 온 살결은 화상으로 터져서 인간이랄 수 없는 참혹한 모습으로 울부짖었다. 그는 놀라 찾아온 어머니에게 마지막 힘을 다해 말했다. "어머니, 못다 이룬 일 어머니가 꼭 이루어주십시오." 아들의 한마디는 어머니의 가슴에 파고들었다.

그렇게 그는 이 한 많은 세상을 떠났다. 그의 나이 22세, 그는 모두가 외면하는 노동현실을 똑바로 직시하게 만들었다. 우리나라의 수많은 노동자들을 대신하여 그는 인간의 존엄성과 모든 노동자는 노동에 상당하는 보수를 받을 권리와 무엇보다 인간답게 살 권리를 자신을 던져 주장했던 것이다.

이 책은 인권변호사였던 조영래가 썼다. 조영래는 서울대학교 재학 중 한일회담 반대, 3선 개헌 반대 등의 학생운동을 주도했으며 학교 졸업 후 전태일 분신항거운동을 접하였으며 1974년 민청학련사건으로 6년간 수배생활을 하던 중에 혼신의 열정을 다해 이 책을 집필했다고 한다. 군사독재시절 철저하게 비밀에 부쳐졌던 저자의 이름은 1991년도에 가서야 밝혀졌는데 그는 복권 뒤 변호사 사무실을 열고 사회개혁가로 헌신적인 삶을 살다가 이 책 개정판 발행을 며칠 앞두고 폐암으로 타계하였다.

후쿠시마 원전의 교훈

—《원전의 재앙 속에서 살다》를 읽고

이 책은 2011년 3월 11일 일본 후쿠시마 원전사고 당시 정부의 피난 지시를 거부하고 치매에 걸린 아내와 자택에 머물며 하루하루 써 내려간 육성 보고서이다. 저자의 블로그 '모노디아로고스'(스페인의 사상가 우나무노의 '독백' 이란 뜻)에 올렸던 글 중에서 원전사고로부터 4개월 동안의 기록을 집중적으로 다루었다.

저자는 전직 스페인 사상사 교수로서 국가의 대재앙을 통해 국가의 역할에 대한 생각과 인간의 존엄과 권리를 어떻게 유지할 수 있는지를 날카롭게 파고든다. 이 책은 자신이 직접 재난지역에 머물며 겪어야 했던 일들을 고스란히 드러내고 있다. 우리는 이 책을 통해 원전을 다시 생각할 수 있는 동기를 부여받을 수 있게 될 것이다.

어느 날 전혀 생각지도 못했던 지진과 쓰나미를 겪으면서 후쿠시마 원전이 폭발하게 된다. 일본 정부는 이에 대한 대책으로 폭발

지역을 중심으로 20킬로미터 권역, 30킬로미터 권역을 설정하고 옥내 대피지역, 자발적 대피지역 등으로 지정했다. 저자가 속한 미나미소마시 하라마치구는 25킬로미터 지역에 속하여 처음에는 옥내 대피지역이었지만 지역주민 대부분이 정부에 대한 불신으로 자발적 피난생활을 택했다. 방사선으로부터 직접적인 피해는 없었으나 이동 과정에서 사망하는 노인이나 환자들이 사고 1주일 만에 40~50명이 생겼다. 저자의 장모가 다니던 노인시설을 관장하는 병원도 간병인이 없어 피해자가 속출했다.

이에 대하여 저자는 분개했다. 정부의 단지 거리에 대한 권역만을 중심으로 하는 안이한 조치로 인해 많은 사람들이 희생되는 것을 보면서 98세의 노모와 치매에 걸린 아내, 아들내외, 어린 손녀와 함께 도망가기보다는 남는 쪽을 선택했다. 평소 정부에 대한 불신과 잔류자로서 현재의 상황을 알리고 싶어졌기 때문이다. 다행히 그의 자택은 큰 피해를 당하지 않아서 전기와 수도를 사용할 수 있었기 때문이기도 하다.

평소 정부는 자국민들에게 신뢰를 주어야 하는 것은 지극히 당연하지만 특히 위급한 상황에서의 정부의 발표는 신중하여야 한다는 것을 배울 수 있다. 정부의 조치로 시내 병원이나 노인시설에서는 환자나 고령자를 대상으로 30킬로미터 권역 밖의 시설로 이송했으며 환자였던 저자의 친구도 마을에서 10킬로미터밖에 떨어지지 않은 체육관으로 대피하게 되어 힘든 피난생활을 하게 되었다. 집도 멀쩡하고 전기나 수도가 다 나오는 상황에서 건강한 사람까지 마을을 떠나게 되자 마을은 적막 속에 갇혀버렸다. 지원품을 실은 차량조차 마을로 들어오지 않게 되었고 점차 모든 마을의 병원, 편의시설들이 문을 닫게 되었다. 우편업무도 마비되었다.

행정당국의 어리석은 결정은 학생과 학부모에게도 예외는 아니었다. '30킬로미터 라인의 저주'에 걸려 방사선 수치가 비슷한데도 멀쩡하게 걸어서 갈 수 있는 학교를 두고 멀리까지 버스를 타고 가야 했으며 일부 학교는 창문을 닫아걸고 찌는 듯한 더위를 감수했으며 창가 쪽 방사선량이 높다는 이유로 학생들이 매일 줄을 바꿔가며 앉았다고 한다. 창문을 열어도 방사선량은 똑같다는 실험 결과가 나왔는데 그것을 믿으려고 하지 않는 학부모들에 대한 배려로 학교에서는 그렇게 하지 않을 수 없었다고 한다.

이어서 정부는 계획적 피난구역과 긴급시 피난준비구역을 설정해 기존의 피난구역을 출입금지구역으로 지정하게 된다. 갑자기 긴급시 피난준비구역에 속하게 된 저자는 환자나 어린이, 임산부 등이 남아 있어서는 안 된다는 방침에 크게 분노하게 된다. "후쿠시마시나 고리야마시는 여기보다 항상 세 배 정도 방사선 수치가 더 높은데 왜 미나미소마시만 긴급시 피난준비구역으로 지정해서 어려운 불편을 겪게 만드느냐?"에 대한 물음에 공무원들의 대답이 걸작이다. "그쪽을 피난구역으로 지정하면 여기보다 몇십 배의 시민을 이동시켜야 하고 그렇게 되면 얼마나 큰 혼란에 빠지게 되는지 모르느냐?"며 오히려 상대방이 더 화를 냈다고 한다.

저자에게 있어 어려운 환경 가운데에서도 모든 일의 우선이요 시급한 일은 늘 치매에 걸린 아내를 돌보는 것이었고 순조로운 배변을 거드는 일이었다. 아내의 배변이 순조로웠을 때 그는 기분이 그리 좋을 수 없다. '산다는 것은 자신의 소설을 쓰는 일이며 그 무엇보다 중요한 것은 자신의 눈으로 보고 자신의 머리로 생각하고 자신의 마음으로 느끼는 것이다.' 그래서 그는 치매에 걸려 하루하루 쇠약해져 가는 아내와의 의사소통이 힘들어가고 매일 씻기고 입히며 먹이고 있지만 그러한 아내로 인해 '영혼의 중심'을 낮게 유지할 수 있다고 말하며 용기와 안정감을 얻기도 한다.

저자는 지진과 쓰나미는 자연재해였지만 원전사고는 인재였으며 더구나 국가 에너지 정책이 빚어낸 명백한 인재였음을 밝힌다. 또한 국가는 비상시를 대비한 프로그램을 운영하지만 문제는 매뉴얼에서 빠진 부분에 대하여는 속수무책인 것을 지적한다. 매뉴얼에 나타나지 않는 부분도 얼마든지 일어날 수 있는 일이며 이 부분에 대하여도 국가는 책임을 다하여야 하지만 이러한 인재를 당하고 나서 느끼는 것은 이 부분에 대하여 책임을 질 사람은 주위에 아무도 없다는 것이다.

저자는 본질적으로 이 세상을 살아가는 자체가 슬픔이며 인간존재의 원 비극임을 잊지 말아야 한다고 말한다. 그렇지 않으면 진정한 행복도 있을 수 없다고 한다. 슬픔이나 고통을 견뎌내고 그 의미를 알았을 때 맛보는 행복이 진정한 행복이라고 말한다. '살아있는 모든 것은 슬픈 존재들이다.' 라는 글을 어디선가 읽은 기억이 있다. 살아 있음을 깨닫고 스스로 결단할 때 그때 생의 참 기쁨을 찾을 수 있다는 말은 얼마나 공감이 가는 말인가.

저자는 이번 사고 이전부터 원전을 반대해 온 인물이다, 그의 고향 도호쿠지방은 역사적으로 끊임없이 중앙의 수탈대상 지역이었고 원전사고 이후 피해 지역민으로써 엄청난 고통과 분노, 슬픔을 겪으면서 과거 일본으로부터 고통받았던 동아시아인들, 특히 조선과 중국 사람들의 마음을 잘 이해할 수 있게 되었다고 말한다. 그는 자신이 일본 내 디아스포라 같은 존재라고 느끼며 자택을 인터뷰차 찾은 서경식 씨를 보자마자 마치 이복동생을 만나는 것 같았다는 말에서도 알 수 있다. 그 친밀감은 현재의 놓여 있는 상황이 과거 재일조선인의 상황과 통하는 것이 있어서였을 것이다. 이번의 대지진과 원전사고를 겪으면서 초래된 정신적 위상이 과거 재일조선인의 그것과 너무나 닮은 데서 오는 친밀감이었을 것이다.

서경식 씨는 재일조선인으로 디아스포라(이산자)라는 말을 본인의 사상적 키워드로 쓰고 있는 것을 많이 봐왔다. 달리 말하면 뿌리째 뽑힌 사람들(데라시네)이다. 저자는 자신이 디아스포라가 되는 것, 데라시네가 되는 것에 저항해왔다. 그러나 그것은 작은 상황에서의 저항이고 다른 각도에서, 조금 높은 곳에서 바라본다면 저자 역시 한 명의 디아스포라에 지나지 않는다. 다소 거친 표현을 쓰면 '나락의 밑바닥' 이라 할 수 있을 것이다. 도호쿠 그 지명 자체가 근대일본 발전사에서 늘 디아스포라의 위치에 있었다고 할 수 있다. 부국강병 시대에는 인신매매까지 개입한 노동지로서 그리고 지금은 GNP 세계 2위 시대에 그것을 유지하는 전력에너지 공급의 거점으로써 끊임없는 수탈의 대상이었다고 보는 것이다.

저자는 블로그를 통해 이 땅의 젊은이들에게 말한다. 세상의 잘못된 일, 부정한 일에 대하여 정당하게 분노하는 것을 잊지 말아 달라는 것이다. 이 분노가 이 나라를 좀 더 나은 나라로 만들어가기 위해 꼭 필요한 일이라고 말한다. 그는 자신의 삶이 계속되는 한 이야기를 계속할 것이며 정당한 분노를 에너지 삼아 끝까지 꿈을, 희망을, 이상을 이야기할 것이라고 한다.

최근 우리나라는 원전을 추가로 건설하기로 했으며 원전을 외국에 수출했던 경험도 가지고 있으나 일본의 이러한 원전사고 이후에도 우리나라의 에너지 정책에 변화가 있었다는 이야기를 들은 적이 없다. 생각하면 소름끼치도록 무서운 말이지만 아직도 우리나라는 일본의 사례를 남의 나라 이야기로 흘려버리려는 것은 아닌지 모르겠다.

이 책 《원전의 재앙 속에서 살다》를 구입하면서 《후쿠시마에 남겨진 동물들》이란 책을 같이 구입했다. 강제 피난령이 내려지면서 원전위험 지역에서 미처 빠져나오지 못한 무수한 동물들이 아직도 죽음의 땅에 내버려져 있었다. 개도, 고양이도, 가축도 그들은 영문도 모른 채 떠난 주인을 기다리고 있는 것이다. 일부는 굶어죽고 일부는 당시의 사고로 다치고 병든 채로 오늘도 돌아올 주인을 기다리고 있는 것이다. 구조대가 다가가 먹이를 주기라도 하면 먹다가는 토하고 또 먹고는 토하기를 반복했다고 한다. 주렸던 배에 음식이 들어가니 받아 내지를 못했던 것이다. 전혀 먹을 것도 없는 집에서 목줄조차 풀린 개들이었지만 그들은 집을 떠나지 않았다고 한다. 삶의 터전을 잃은 사람과 동물들이 다시 만날 수 있는 날은 언제쯤 올 수 있을까?

이 책은 원전에 대하여 실로 많은 것들을 성찰해 볼 수 있는 계기를 제공하였다.

강정마을 이야기 2선選

최근 언론에서는 연일 제주도 강정마을 이야기가 넘쳐난다. 2005년도부터 시작한 제주해군기지 문제는 이제 세계적인 이슈가 된 지 오래다. 그만큼 이에 따른 문제점이 연속적으로 제기되는 데에도 불구하고 정부에서는 공사를 강행했기 때문이다. 얼마 전까지만 해도 언론에서는 문정현 신부와 강정마을 이장으로 제주해군기지 반대운동을 이끌어 온 강동균 회장의 삭발투쟁을 보여주었다.

평소 관심이 있었지만 어떻게 행동해야 할지 늘 마음 한구석 무거운 짐처럼 남아 있던 차에 제주도 강정마을과 관련된 책을 두 권 이어서 읽을 수 있는 기회가 있었다. 송강호가 쓴《평화, 그 아득한 희망을 걷다》와 정욱식이 쓴《강정마을 해군기지의 가짜 안보》이다. 나름대로 강정에 대한 해군기지의 불법성을 강조했지만 앞의 책은 기독교 목회자인 동시에 평화 활동가로 분쟁지역을 다니며 평화교육의 중요성을 강조하는 송강호 박사의 자전적 이야기 이다.

그는 사단법인 개척자들의 설립자이자 대표로 르완다, 보스니아, 소말리아, 동티모르, 아프가니스탄, 반다아체, 카슈미르 등 분쟁지역들을 다니며 평화활동가로 섬겼다. 전쟁과 분쟁, 재난 피해자들과 고통을 함께하고 그들의 눈물을 닦아주며 열강에 맞서 약한 이들의 벗이 되었다. 참혹한 현장에서 어린아이들과 함께하며 가해자와 피해자 간 가교를 놓고 평화의 숭고한 참뜻을 실천했다.

그는 기도하는 사람이었지만 또한 실천하는 사람이기도 했다. 제주 강정마을에 해군기지가 건설되는 것을 보며 분노하였고 해군기지 찬성과 반대로 마을이 갈기갈기 찢겨지는 것을 지켜보며 저들의 아픔에 동참하기로 결심하고 해군기지 건설반대 투쟁을 전개하였다. 2011년도 1월부터 시작된 그의 투쟁은 강정 앞바다에 몸을 던지고 중장비에 맞서 사슬을 두르고 갖은 모욕과 폭력에 몸은 만신창이가 되었다. 두 차례 구속되어 제주교도소에 수감되어 옥고를 치르기도 했다.

그렇지만 그는 감옥에서조차 평화를 전파했다. 우리는 이러한 일을 지켜보면서 그의 평화로 가는 발걸음이 결코 멈추지 않을 것임을 어렴풋이 알게 된다. 그는 자신이 믿는 바를 위해 죽을 준비가 되었고 한 치의 흔들림도 없이 나아간다. 그는 언젠가 이런 분쟁현장에서 생을 마감하기를 원한다. 이것은 기독교의 사회참여의 극단적 방법일지는 모른다. 같은 예수쟁이들 가운데 이해를 하기보다는 비난을 받을 소지도 충분히 있다. 그러나 그는 스스로의 결단을 통해 오늘도 그 길을 이어가고 있다.

그럼 이쯤에서 두 책이 공동으로 말하고자 하는 제주도와 강정마을에 대한 이야기를 좀 해야겠다. 왜들 강정마을에 지대한 관심을 가지는 것일까? 2005년 1월 노무현정부는 제주국제자유도시특별법 제12조에 근거하여 제주도를 '세계 평화의 섬'으로 지정하였다. 제주도 세계평화의 섬은 모든 위협요소로부터 자유로운 상태인 적극적 의미의 평화를 실천해 나가는 일련의 사고체계와 정책 등을 포괄하는 문화적·사회적·정치적 체계를 일컫는다. 이런 배경으로는 과거 제주 4·3항쟁의 비극이 가져다준 상처를 씻어내고 전쟁을 반대하며 정의가 구현되는 평화공동체를 만들겠다는 의지와 약속이 담겨져 있다고 볼 수 있다.

강정마을은 제주공항에서 한 시간 정도 버스를 달려 도착하는 곳으로 예로부터 평화롭고 살기 좋은 마을 공등체였다. 포구 쪽 해안으로는 구럼비라 불리는 너럭바위가 펼쳐진다. 구럼비 바위는 너비가 1.2킬로미터에 이르는 통바위로 깊은 바위 및 용천수가 쏟아 나와 지친 이들의 샘물이 되기도 하고 해수와 함께 물웅덩이를 만들기도 한다. 이 물웅덩이는 민물습지여서 멸종 위기보호 대상 야생 동식물인 붉은 발말똥게, 맹꽁이, 제주 세뱅이 등을 품고 있으며 근처에서는 원앙과 흰뺨 검둥오리가 찾아오기도 한다.

그런데 이렇게 평화롭던 곳에 2007년 4월 불과 2년 전 평화의 섬으로 지정했던 노무현정부는 아이러니하게도 강정에 해군기지를 건설하기로 결정한다. 당시 마을회장은 불과 87명의 동의를 박수로 얻어 해군기지 유치를 추인했다. 분노한 주민들은 곧 마을회장을 해임하고 새로운 마을회장을 선출하여 같은 해 8월 해군기지유치 찬반을 묻는 주민투표를 실시했다. 전체주민 1,900여 명 중 육지로 떠난 사람과 어린아이들을 제외한 1,050여 명 중 725명이 투표해 680명, 94퍼센트로 기지건설 반대를 결의했다. 그러나 해군에서는 이에 아랑곳하지 않고 공사를 강행했고 이후 강정은 격동의 땅이 되었다. 2010년 12월 제주해군기지 예산을 포함한 2011년도 새해예산이 국회에서 날치기로 통과되어 공사는 강행되었고 그에 맞선 주민과 평화활동가의 지난한 투쟁이 지금까지 이어지고 있다.

송강호는 고등학생 때 예수를 받아들였다. 스스로의 의문을 놓고 기도하는 가운데 그에게 온 깨달음은 회심한 그리스도인은 결코 현실과 타협할 수 없다는 사실이었다. 신학교에 들어가고 나서도 현실에 깊은 영향을 끼치는 가치로서의 신학을 발견치 못했던 그는 대학원에서는 교육학으로 전공을 바꾸게 된다. 그리스도를 주로 고백하지만 정작 그리스도의 종으로서의 삶이 없는 현실을 목도하면서 그는 대안으로서 공동체에 대한 깊은 관심과 희망을 가지게 된다. 그것이 뒤에 사단법인 개척자들로써 국제평화운동단체로 나타나게 된다. 개척자들은 1991년 피나투보 화산 폭발로 25만여 명이 집을 잃고 900여 명의 목숨을 앗아간 참사 현장으로 떠난 교회의 청년들로 시작되었고 이 청년들의 담당 전도사가 송강호였다.

그의 생각은 뚜렷하다. 제주도는 평화의 섬으로 계속 유지되어야 한다는 것이다. 정부와 해군당국은 전쟁을 일으키지 않기 위해 해군기지를 건설한다고 주장한다. 그러나 기지가 건설되고 나면 미국은 자연스럽게 이 해군기지를 사용하게 될 것이고 이에 따라 중국은 제주도의 해군기지 건설을 다분히 미국의 대 중국 포위 전략의 일환으로 의심할 가능성이 농후하다. 결국 우리는 미국과 중국의 강대국들 틈에서 우리 자신의 안위를 걱정해야 하는 지경에 빠지게 되는 것이다. 예측 가능한 시나리오 아닌가 싶다. 그가 품은 굳센 희망은 이 투쟁 가운데 평화를 배운 젊은이들이 세계 여러 나라의 분쟁과 갈등현장에서 평화의 씨를 뿌리는 일꾼들로 자랄 것을 믿고 바라며 강정마을을 그런 평화의 씨앗을 뿌리는 모판으로 삼으려 한다.

또 하나의 책은 정욱식이 썼다. 그는 대학 정치외교학과를 나와 북한 대학원대학교에서 군사안보 전공으로 공부했다. 한때 미 조지워싱턴대학교에서 객원연구원으로 한미동맹과 북한 문제를 연구하기도 했다. 현재는 평화네트워크를 만들어 대표로 활동하고 있다. 이 책은 좀 더 현실적이다.

민군복합형 관광미항이라는 이름을 달고 건설되는 제주해군기지는 다양한 각도에서 문제점을 지적할 수 있다. 평화의 섬과 제주해군기지의 양립 가능성, 갈등의 씨앗이 되었던 절차적 문제, 입지 선정의 타당성, 찬반으로 갈라진 주민들의 갈등과 마을 공동체의 붕괴, 공권력 남용으로 인한 인권침해, 환경파괴, 국제사회에서의 이미지 실추, 국가안보를 비롯한 국익의 득실관계 등이 바로 그것이다. 여기서는 그 가운데에서도 국가안보와 국익의 문제에 초점을 맞췄다. 해군기지 건설이 강행되어 한국해군이 이어도 초계활동에 나서거나 미국이 해군기지를 이용할 경우 우리의 남방 해역을 포함한 국가 안보와 국가 경제가 총체적 위험에 빠질 수 있다고 경고한다.

당초 MB는 사실관계를 왜곡하면서까지 노무현 정부와의 차별성을 부각시키려 했다. 노무현 정부 때 해군기지로 추진되던 사업을 이명박 정부 들어 민군 복합형으로 바꿨다고 발표했다. 그러나 이는 진실이 아니었다. 노무현 정부 재임 당시 2007년 12월 국회는 관련 예산을 승인하면서 '민항 위주의 해군기항지' 라는 부대조건을 달았지만 이명박 정부는 2008년 9월 국가정책조정회의를 통해 15만톤 크루즈선박 2척이 동시에 정박할 수 있는 '민군 복합형 관광미항' 을 짓겠다고 발표했다. 자료에 의하면 민항과 군항의 예산 차이는 534억 원과 9,770억 원으로 18배, 사업부지는 4만 평방미터와 49만 평방미터로 12배가 더 많은 것이다. 게다가 언론을 통해 최근 드러난 바와 같이 제주도, 국방부, 국토해양부가 2009년 4월 기본협약서를 체결하면서 제목이 다른 두 문서를 서명했는데 제주도민에게 홍보한 것은 '민군복합형 관광미항' 이었고 정부가 보관한 것은 '제주해군기지(민군 복합형 관광미항)' 였다.

또한 2012년 3월 언론사 간부와의 대화에서도 MB는 "제주기지는 북한에 대응하기 위해 하는 것이 아니다."라고 말했는데 이것은 국방부가 지금까지 국민에게 설명한 것과 다르다. 군 당국은 지금까지 제주해군기지의 필요성을 강조하면서 그 목적 가운데 하나를 북한 위협대처용이라고 강조해왔다. 국방부 홍보자료에도 북한 및 주변국 위협에 동시에 대응할 수 있고 북 잠수함과 특수전부대의 동서해 우회 침투대응이 중요한 목적이라고 나와 있다.

물론 제주해군기지 건설에 따른 국가안보적인 실익이 전무하다고는 할 수 없다. 무역을 위한 해양 수송로보호는 사활적인 이해관계가 걸려 있고 만일의 사태에 대비해 해군력을 증강할 필요성도 있을 것이다. 주변국의 해군력 증강에 맞서 제주해군기지 건설이 필요하다고 생각할 수도 있다. 제주해군기지를 건설해 전략기동함대를 창설하면 해군력을 크게 증강시킬 수도 있다. 그럼에도 불구하고 득보다 실이 훨씬 큰 이유는 국가안보상의 전략적 위험과 함께 절차적 민주성 훼손, 천혜의 자연환경 및 마을공동체 파괴, 건설비와 전력투자비를 합쳐 7조 원이 넘는 예산상의 부담, 해군기지 찬반 갈등으로 인한 사회적 비용 등이 제외되어 있다.

저자는 해법을 제시한다. 구체적으로는 제주해군기지 건설을 백지화하는 대신에 해군이 제주항과 화순항을 확장, 신설될 예정인 해경부두를 기항지로 이용하고 강정마을은 세계 평화마을로 지정하며 제주도를 세계 평화의 섬으로 지정한 취지를 살려 동북아시아 평화군축 포럼을 창설하는 것이다.

제주해군기지 건설 대신 해경부두를 해군 기항지로 사용하면 해경과 해군에 대한 업무의 중복투자를 해소하면서 둘 사이의 원활한 협조체계를 구축할 수 있다. 이를 통해 해양수송로와 해저자원 보호 등 경제안보와 국가안보에 크게 기여할 수 있다. 또한 강정마을을 세계 생명평화마을로 지정해 국제적인 평화의 성지로 육성하자는 주장은 인간 안보와 환경 안보를 지키면서도 생명평화의 가치와 국가안보를 조화롭게 발전시킬 수 있는 유력한 방안이다.

아울러 동아시아의 전략적 요충지인 제주도를 군사화하기보다 동아시아 국가들과 국민들이 소통과 교류와 협력의 중심지로 만들 수 있는 발상의 전환도 필요하다. 이는 세계 평화의 섬 지정 정신을 구현해 국제협력안보에 기여할 수 있는 유력한 방안이다. 이러한 세 가지 대안을 융합하면 해군기지 문제로 인한 분열과 갈등을 딛고 포괄안보 정신을 바탕으로 화해와 통합을 이룰 수 있을 것으로 보았다.

저자는 자신의 실무경험과 이론을 토대로 구체적인 대안까지 제시하였다. 바라기는 이러한 의견과 의사 개진이 좀 더 활성화되어 많은 사람들이 관심을 가지고 해결책을 제시할 수 있었으면 좋겠다. 또한 정부에서도 절차적 민주주의에 입각하여 일하는 모습을 볼 수 있었으면 좋겠다. 사업 기초단계부터 주민의 목소리에 귀를 기울이고 공청회나 그 밖의 설명회를 자주 열어 모두의 힘을 모을 수 있을 때 사업의 실효성도 확보할 수 있다고 하겠다. 그동안 주민들의 고통을 어떻게 수습해야 할 것인지도 큰 문제이다. 같은 마을에 살지만 찬성과 반대로 나뉜 사람들은 부모나 친척 간이라도 서로가 등을 돌리고 살아간다고 하는데 이런 생지옥이 어디 있을까 싶다. 시간도 어느 정도 흘러야 하겠지만 서로가 서로를 껴안고 다독여줄 수 있는 그런 기회도 저들에게는 절실하게 필요하지 않을까 생각한다. 구럼비가 다시 자연의 품으로 돌아오고 강정에 평화의 작은 싹이 돋아날 때 그때쯤이면 비로소 마음속에 짐처럼 남아 있는 무거운 것들을 들어낼 수 있을 것으로 여겨진다.

또 다른 나라 삼성공화국

—《굿바이 삼성》을 읽고

올 초 경기도 화성시의 삼성전자 반도체 생산구역에서 불산이 누출되는 사고가 있었다. 현행법에 따르면 최초 불산 공급장치의 이상이 생긴 시점에 바로 신고를 하여야 함에도 작업직원이 몸에 이상증세를 느껴 병원에 입원했다가 그중 1명이 사망하는 등 5명의 사상자가 발생되고서야 경기도에 유선으로 신고를 했다고 한다. 보도가 될 당시 전 국민의 원성을 샀다. 우리는 여기서 삼성의 어두운 단면을 직시하게 된다.

'삼성이 나라를 먹여 살린다.' '삼성이 망하면 한국도 망한다.'는 소리를 심심치 않게 들어왔지만 그동안 삼성은 우리 사회를 너무도 혼탁하게 만들었다.

2005년 세상에 드러난 삼성그룹의 'X파일' 사건은 당시 중앙일보 회장인 홍석현 씨와 삼성그룹 부회장인 이학수 씨가 특정후보에게 정치자금을 제공하고 전 · 현직 검찰 고위간부에게 '떡값'을 주는 계획이 담겼던 내용이었다. 3대로 이어지는 경영권의 불법승계 역시 200조가 넘는 매출을 자랑하는 삼성의 소유권을 넘겨주기 위해 이건희와 이재용이 나라에 바친 세금은 고작 16억 원에 불과하였다는 사실을 믿어야 할 것인가? 주가조작과 분식회계로 조성한 비자금 금액만도 특검발표로는 4조 5천억 원이라고 하니 이건희 일가의 그룹지배를 위한 그 돈들이 어디서 어떻게 사용되고 있을까를 생각하면 지금도 우리나라의 어느 한 부분이 이로 인해 썩고 있다는 생각을 떨칠 수 없다.

어디 그것뿐인가? 근로자라면 당연히 그들의 권리를 확보하기 위한 노동조합을 설립할 수 있음에도 선대 이병철 회장이 말했다는 '내 눈에 흙이 들어가기 전에는 노조는 안된다.' 고 했던 것을 금과옥조로 여겨 무노조로 일관한다. 삼성 노동자들이 노조를 만들기 위해 싸워온 기록을 보면 얼마나 회사의 대응이 무차별적이었는지 치를 떨게 된다. 노조설립 움직임이 보이면 당사자들은 회사관계자에 의해 납치되어 전국을 끌려 다니며 노조 설립 포기를 종용받기도 했고, 삼성중공업에서는 이를 막기 위해 노사관계법상 복수노조 금지조항을 악용하여 먼저 노조설립신고를 하려고도 했으며, 이 과정에서 평범한 노동자를 구슬려 노조위원장으로 이름을 올려 동료간 불화 끝에 결국 회사를 떠나게 만들기도 했다. 노조설립에 관여한 노동자들이 휴대폰 위치추적을 당했던 일이 언론을 타기도 했다. 회사에서는 이미 죽은 사람 명의의 휴대폰과

불법 복제된 휴대폰을 사용하여 친구찾기 서비스로 이들의 위치를 실시간 감시했으며 드러난 피해자들이 검찰에 고발되었지만 공소권 없음, 기소중지로 끝나기도 했다.

이제는 모두가 아는 사실이지만 삼성반도체의 백혈병으로 숨진 이와 병상에 있는 이들이 수십 명에 이르지만 삼성은 지금까지 그들을 외면하고 있다. 산재신청을 하려는 황유미 씨의 아버지에게 회사 관계자가 이렇게 이야기했다고 한다. '아버님, 삼성을 이기려 하십니까. 이길 수 있으면 이겨보세요.' 그녀의 아버지는 뒤에 이렇게 말했다. '삼성에 노동자의 권익을 대변해주는 노동조합만 있었어도 우리 딸은 죽지 않았을 거' 라고. 근로자들이 작업 중 들이마시는 수십 종의 화학물질의 존재도, 내과학에서 나온다는 백혈병과 화학물질의 명백한 상관관계도, 직접적인 증거 없이 간접적으로라도 상당 인과관계가 성립되면 산업재해로 인정한다는 대법원 판례도 삼성 앞에서는 아무 소용이 없었던 것이다.

몇 년 전 태안 앞바다에서 삼성중공업 소속의 배가 인천대교 건설에 투입되었던 해상 크레인을 끌고가다 가만히 있는 초대형 유조선을 들이받아 충남 서해안 일대를 죽음의 바다로 몰아넣은 적이 있었다. 그 사건이 일어나자 삼성에서 제일 먼저 한 일은 책임을 회피하기 위해 항해일지를 조작한 일이었다. 지역 해양청이 충돌위험을 무선으로 알렸는데도 그런 경고를 받은 적이 없는 것처럼 꾸민 것이다. 그리고 수십 만의 국민들이 태안 앞바다에서 기름을 닦고 있을 때 삼성은 시치미를 떼고 있다가 사건 50일이 지난

다음에야 마지못해 사과 성명을 발표했다. 그리고 뒤로는 배상을 50억 원으로 제한해 달라고 법원에 신청했고 서울고등법원에서는 삼성의 편을 들어 이미 공탁해 둔 56억여 원 이외에는 더 배상을 할 필요가 없다는 판결을 내렸다.

사고 뒤 몇 년간의 조사 끝에 법원이 결정한 피해금액은 어민 직접피해 4,138억 원, 방제비용과 해양복원사업에 1,844억 원 등 모두 7,341억 원이었고 피해주민들은 4조 2천억 원을 주장한 것과 비교가 되지 않을 뿐더러 삼성전자의 2009년도 영업이익이 11조 원에 가까웠던 것을 생각하면 56억 원은 그야말로 푼돈에 불과하다. 천문학적인 비자금을 쌓아두고 대선자금이나 공직자에게 필요한 경우 언제라도 뇌물을 쓰면서도 자기가 책임을 져야 할 사고에 대해서는 배상할 돈이 아까웠던 것이다.

삼성생명은 보험사로서 손실이 날 경우 주주 외에 계약자도 부담을 지도록 운영되었지만 삼성생명 상장시 계약자의 몫이 당연히 포함되어야 함에도 그 부분을 제외해 버림으로써 삼성생명에 조 단위의 특혜를 베풀었다. 삼성의 이건희 회장은 자기 혼자만을 위한 대통령의 특별사면을 받기도 했는데 동계올림픽 선수단 환영 만찬장에서 이명박 대통령과 헤드테이블에 같이 앉기도 했다.

노 전대통령 재임 중 권력이 시장으로 넘어갔다는 말을 기억하고 있다. 그런데 우리는 노대통령이 권력이 시장 곧 자본에 넘어갔으며 그중에서도 삼성에 넘어갔다고 믿고 있지는 않았을까 생각해본다. 이렇게 생각해 보는 이유는 노 전대통령과 삼성과의 관계 때문이다. 그가 부산상고 선배였던 삼성구조조정본부의 이학수 본부장으로부터 언제부터 어떤 후원을 받았는지 우리는 알 수 없다. 하지만 삼성전자 진대제 사장을 정보통신부장관에 임명하고 중앙일보 홍석현 회장을 주미대사에 임명했던 사실은 알고 있다. 그는 대통령으로 있으면서 삼성에 대하여 문제의식이 없었던 것이다.

삼성을 자꾸 때리면 회사를 해외로 이전시킬 수 있다는 말이 나돈 적이 있다. 그렇지만 삼성은 고용면에서 국내 노동력을 생각만큼 많이 쓰지 않으며 정부에서 실업율이 높을 때마다 재벌기업인들에게 고용확대를 주문하지만 그들은 정치적 제스처로 생각할 뿐 실은 언제라도 인건비가 싼 곳으로 옮겨갈 준비가 되어 있다. 누가 뭐라고 해도 수익이 안 나면 안 하는 것이 기업이며 기업인이다. 삼성은 지금까지 경제개발과정에서 국가가 제공하는 온갖 특혜와 세제 혜택 등으로 막대한 부를 축적해 왔다. 지금까지의 혜택과 지원만이 아니라 삼성생명 상장의 예에서 보았듯이 100퍼센트 내수에 의존하는 삼성 금융계열사들의 사업적 이익이 여간 막대한 것이 아니다. 삼성은 이 특권과 수익을 쉽게 포기할 리가 없는 것이다.

삼성화재의 시장 점유율이 50퍼센트가 넘고 자동차 보험이 삼성의 애니카를 제외한 나머지 보험사들의 모두 합친 것보다 많은 이유는 무엇인가? 여기에는 삼성의 사업수완도 한몫을 했을 것이며 우리의 무관심도 일정부분을 담당했을 것이다. 그러므로 김상봉을 포함한 15명의 저자들은 이제부터라도 삼성제품에 대한 불매 운동에 돌입하자고 외친다.

김용철 변호사의 책《삼성을 생각한다》에 대한 뉴스가 뉴욕타임스에 보도되고 국내 일부 진보언론에 소개되어도 단 한 사람의 정치인도 이 문제에 대하여 발언하지 않았다. 지금 누가 한국을 실질적으로 지배하고 있는가? 삼성이 지배하는 것을 우리는 알면서도 묵인하고 있는 것은 아닌가? 그렇다면 온갖 부당한 방법으로 삼성을 지배하고 있는 이건희가 한국사회를 지배하는 실질적인 권력이다. 모든 권력의 정당성은 지배받는 민중들 자신이 그 권력을 정당한 절차를 통해 위임했을 경우에만 인정될 수 있다. 누가 삼성에 우리를 지배해 달라고 권력을 위임하였는가? 그렇지 않았음에도 불구하고 이건희는 오늘날 한국을 실질적으로 지배하고 있는 권력으로 군림하고 있으며 우리가 아무런 저항도 하지 않고 이런 상태를 방치한다면 이제는 그의 자식대에 이어서 우리를 지배하려 들 것이 분명하기 때문이다.

이건희 회장은 1995년 베이징에서 "기업은 이류, 공무원은 삼류, 정치는 사류"라고 당당하게 발언했다. 이후 삼성은 세계 초일류기업임을 자처하고 있다. 2010년 미국 전자기기 박람회장에서 "각 분야가 정신을 좀 차려야 한다."고 했는가 하면 삼성 이병철 회장의 탄생 100주년 기념식에서는 "모든 국민이 정직했으면 좋겠다. 거짓말 없는 세상이 돼야 한다."고 말했다. 법과 정의가 지배

되지 않고 원칙도 없이 돈과 권력, 그리고 배경에 의해서만 세상이 움직인다고 하면 우리가 이런 정의가 숨 쉬지 못하는 나라를 어떻게 보아야 할 것인가? 우리나라는 민주공화국인가 삼성왕국인가를 진지하게 다시 생각해 보아야 하지 않을까 싶다.

우리는 알게 모르게 삼성의 영향을 많이 받아왔다. 개인이나 가정마다 삼성제품이 없는 곳이 없을 것이다. 그러나 이제는 물건 하나를 사더라도 윤리적인 면을 생각해야 할 때가 되었다. 올바른 사회, 정의로운 사회를 후손들에게 물려주기 위해서 우리는 먼저 삼성이라는 재벌권력이 이 땅에서 사라지도록 해야 한다. 삼성이 우리 사회의 정치, 경제 등 각 부분에 끼친 해악은 일정 부분 우리에게도 책임은 있을 것이다. 이제라도 우리는 삼성을 거부하는 불편함을 스스로 선택함으로써 우리의 주체성을 되찾고 싶은 것이다. 그래서 보이지 않게 이 나라를 지배하고 있는 거대한 물신으로부터 벗어나는 것이며 한국 사회의 권력구조를 바른 방향으로 돌려놓는 것이다. 신자유주의, 자본주의 사회를 살아가지만 삼성을, 그리고 이건희를 문제 삼아야 하는 정당성을 우리는 여기서 찾을 수 있는 것이다.

이상주의자 체 게바라의 꿈

—《체 게바라 평전》을 읽고

어느 날 젊은이들이 즐겨입는 T셔츠에서 베레모를 쓴 체를 만났다. 처음에는 그가 실제인물인지조차도 몰랐다. 단지 추상적인 소묘 정도로만 생각했다. 그러던 어느 날 우연한 기회에 이 책을 구입하게 되었고 비로소 체는 내게 살아 숨 쉬는 인간으로 다가왔다.

그는 이상주의자이다. 그는 인간이 만든 이념이나 사상에 심취된 것이 아니라 굳이 말하자면 인간이 인간답게 살아가기 위한 기반을 닦고자 자신을 던진 자이다. 물적 자본의 소유로 구별되는 자본주의는 경제적 부의 뒤편에 무수한 낙오자와 실패자를 양산하는 체제였다. 또한 그 한가운데 있는 미국은 당시 자국의 이익을 위해 쿠바를 위시한 주변의 여러 나라들에게 영향력을 넓혀 나가고 있었다. 체가 어려서 부모를 떠나 중남미 여러 나라를 여행하며 느낀 것은 자본주의에 질식한 헐벗은 민중들이었고 이러한 것들을 타파하고 바로 세워나가는 것은 몸으로 싸워 쟁취하는 혁명밖에는 달리 생각할 수가 없었다. 그는 카스트로를 비롯한 동지들을 규합하여 함께 쿠바에 잠입하게 되는데 당시의 쿠바는 미국의 지원 아래 있었으며 경제를 포함한 여러 가지 국가적인 어려움을 겪고 있었기 때문에 대부분의 민중들은 정부군보다는 혁명군을 믿고 따랐던 것이다.

이 책은 크게 구분한다면 세 단락으로 나누어 볼 수 있겠다. 먼저는 당시 미국의 지원 아래 있었던 쿠바를 자유롭고 민중이 억압받지 않는 나라, 체 게바라가 생각했던 유토피아적인 공산주의 나라로 만들고자 혁명의 기치아래 나서는 과정과 결국 독립을 쟁취하게 되는 첫 번째 단계와 이어서 쿠바에서 국가의 기초와 발전을 위해 힘쓴 일이었다. 체는 실질적인 2인자로써 외교관의 자격으로 세계를 돌며 쿠바의 경제와 사회의 안정을 꾀하고자 노력하였다. 셋째로는 쿠바가 어느 정도 안정을 되찾고 나서 그 자리에 연연하지 않고 다시 쿠바를 떠나 제3의 국가인 볼리비아에서 민중을 해방시키는 혁명을 위해 떠났다가 1년여를 자신을 뒤쫓던 볼리비아군에게 생포되어 서른아홉의 나이에 생을 마감하게 되는 단계이다.

그 당시 덥수룩한 수염에 비쩍 마른 그는 십자가에서 생을 마감한 그리스도와 끔찍이 닮은 모습이었다고 말한다. 둘 다 민중을 향한 사랑과 평등을 위해 투쟁한 박애주의자의 길을 걸었지만 체는 예수와 다른 길을 선택했다. 신을 믿지 않았던 그는 오직 인간만을 믿었고 힘이 닿는 한 몸으로 이 세상을 바꿔 나가고자 애썼던 자이기도 했다.

이렇듯 마르크스의 공산주의 이론에 심취했던 체는 1928년 토목 기사로 일하고 있는 가정의 장남으로 아르헨티나에서 출생했다. 두 살이 될 즈음 그의 부모는 어린 체를 데리고 근처 강으로 수영을 하러 갔다가 심한 기온 차에 의해 폐렴을 앓게 되고 결국에는 평생을 천식으로 고생하게 된다. 그는 어려서 얻은 천식으로 인해 혁명군에 가담하여 지내면서 물자와 치료약조차 빈약한 고원지대에서 보통 사람들이 혼자서도 지탱하기 어려운 몸을 이끌고 혁명을 수행하는 모습은 자신을 엄격하게 통제하고 다스렸던 그의 면모를 알 수 있게 한다.

그의 가정은 비교적 유복했으나 어렸을 때 그는 길거리에서 사귄 한 친구의 집에 놀러갔다가 큰 충격을 받았다. 그 친구는 부모와 다섯 형제자매들과 함께 침대 하나만 덩그러니 놓여 있는 한 칸짜리 오두막에서 살고 있었는데 겨울에는 신문지나 넝마 조각을 덮고 잔다고 했다. 체의 아버지는 이 사실을 묻는 아들에게 가난은 이 세상에 존재하며 이에 대항하여 싸울 줄 알아야 한다고 가르친다. 그는 그때부터 어렴풋이 가난과 싸우고 있는, 힘이 없는 민중에 대해서 배워갔다. 또한 그는 젊은 시절 여행과 의료 실습을 통해 병원의 나환자들을 돌보기도 하고 아르헨티나의 기층민중의 일상적 모습을 각인하게 된다.

그는 대학에서 의학을 전공하게 된다. 천식 때문에 고통받았던 자신의 처지 때문이었는지 아니면 어려서 후두암으로 돌아가신

할머니 때문인지는 알 수가 없다. 그렇지만 그는 배운 의술을 늘 힘없고 어려운 자들을 위해 사용했기에 게릴라전에서조차 민중들로부터 사랑을 받을 수 있었다. 그는 지독한 독서광이기도 했다. 어디서나 그는 책을 가지고 다녔으며 그들 무리 중에 가장 기름을 많이 소모하는 자로 알려져 있기도 했다.

그는 짧은 생애를 살다 갔지만 우리에게는 의사였으며 혁명가, 게릴라 전술가, 쿠바 국립은행 총재, 산업부장관, 외교관에다가 저술가이기도 했다. 또한 극히 짧은 기간이었지만 남편과 아버지로 살았던 그를 우리들 가운데 진정한 휴머니즘을 실천한 인간이었다고 말하고 싶다.

소련이 붕괴되고 공산주의가 쓰러져 간다고 해서 자본주의가 승리했다고 말할 수는 없다. 우리는 다만 현재의 체제가 인간을 물질을 기준으로 구분하고 헐벗고 굶주리는 모순을 안고 있다고 하더라도 더 나은 방법을 찾기까지는 현 체제를 유지할 수밖에 없다는 안타까운 사실 앞에 직면해 있을 뿐이다. 그리고 체는 몸으로 그 사실을 보여주었다.

앙트완 블롱댕(프랑스의 문필가)은 '인간은 꿈의 세계에서 내려온다.' 고 말했다. 체가 볼리비아 밀림 속 나무에다 지상에서 마지막 순간을 예감하는 이 말을 새겼을 때 그는 다시 꿈의 세계로 올라가기 시작한 것인지도 모른다. 그는 이제 아득히 높은 곳에서 우리를 바라다보며 무슨 생각을 하고 있는 것일까? 우리의 삶은 그에게 얼마만큼의 빚을 지고 있는 것일까?

절망에 기대니 마음이 편하다

—《한가로운 걱정들을 직업적으로 하는 사내의 하루》를 읽고

이 책은 간암 말기 환자인 주인공 현이립이 아내가 집안 행사로 집을 비운 뒤 혼자 외출을 하여 산책길을 걸으며 한 생각의 편린들을 기록한 글이다. 아침에 집(수색)을 나온 주인공은 평소보다 좀 더 긴 코스인 가양대교를 택해 갔다가 돌아오는 동안 눈에 들어오는 풍경과 사람들의 이야기와 자신의 회상들로 이어진다.

나는 작가 복거일의 책을 처음 접했다. 그에 대한 사전 지식이 없었던 탓에 책을 읽으면서 뜻밖에 이 책 내용이 작가의 이야기였음을 알게 되었다. 이 책은 그러므로 자서전적 책이었던 것이다. 그는 2년여 전 이미 간암선고를 받았지만 전혀 치료를 하지 않고 글을 쓰고 있었다. 치료를 하지 않은 이유는 간암 말기로서 이미 다른 장기에 전이가 된 상태이기도 했지만 전업작가로써 암치료를 받으면 몸이 상할 수밖에 없고 그러면 기력이 약해져서 독자들과 약속했던 글을 더 이상 쓸 수 없다는 이유에서였다.

이 책에서 그는 작가를 가리켜 한가로운 걱정들을 하는 자라고 했다. 일반적으로 직장을 가지거나 사업을 하는 자들은 먹고사는 일에 바빠서 다른 일들에 관심을 가지기가 어려울 수 있으나 이 시대의 척박한 지적 풍토를 높이려면 세상을 문명적 수준에서 살피는 사람들이 좀 더 많아져야 한다는 것이고 이 일을 작가를 포함한 지식인들이 해야 한다는 것이 그의 생각이었다.

그래서 저자는 지금 당장 급하지는 않지만 필요한 걱정들을 하고 있었는데 이를 통해 평소 사회를 바라보는 작가의 생각을 알 수 있었다. 중국의 부상과 한일관계의 악화를 걱정하는 대목이 눈에 들어왔다. 대통령 취임 후 일본보다 중국을 먼저 방문한 것을 걱정했다. 일본과의 관계정상화가 필요한 시점에서 중국을 방문했는데 중국은 북한의 후견인이라는 것이다.

법대 망국론도 있다. 자유시장경제 옹호론자인 작가는 공무원 부패의 제도화와 전관예우를 비판한다. 사회가 비교적 깨끗하고 공정하면 무엇을 만드는 기술을 습득하는 공대나 농대에 인재가 몰리지만 사회가 썩으면 관리가 되는 길을 찾아 법대에 인재가 몰린다는 말이다.

영어를 공용어로 사용하자는 생각도 있다. 부모소득이 높은 집 자녀들 위주로 영어교육을 받으므로 빈부의 차이에 따라 교육의 질적 수준이 달라지는 현상을 바로잡기 위하여 영어를 공용어로 사용함으로써 가난한 이들에게도 계층상승의 기회를 제공할 수 있다는 말이다.

특히 그는 과학소설의 전문가답게 앞으로의 다가올 세계에 대한 아이디어를 제공하고 있는데 인공지능의 로봇도 그 중에 하나이다. 지구의 생태계가 파괴되어가는 지금 우주선에 지구의 모든 생태계의 유전자 디지털 정보를 싣고 출발한 우주선은 로봇에 의해 먼 별에 닿으면 디지털 정보를 처리해서 지구 생태계를 복원한다는 내용도 있다.

그렇지만 이 책은 무엇보다도 주인공 이립이 자신의 생명이 꺼져가고 있는데 대한 회한과 안타까움이 담겨 있다. 그리고 짧지만 남은 날들에 대한 강한 집념을 보이기도 한다. 특히 가족에 대한 사랑과 혼자 이승에 남게 될 아내에 대한 오붓한 정은 읽는 이의 마음을 애잔하게 한다.

이승의 인연을 너무 일찍
끝내는 사람이니
아쉬움이 남아서 그런다고
할지 모른다. 그럴지도 모른다. 어쨌든
나는 서성이리라. 스산한 노을 걸린 저승 어느
어둑한 거리에서
낯익은 얼굴이 혹시
보이나 해서

복거일 작가에 대한 자료를 찾아보았다. 최근 자료에서 신문에 난 기사와 TV인터뷰가 있었다. 그는 책에서 말한다. "더 큰 업적을 탐내기에는 자신의 재능이 작다는 것을 그는 이미 받아들인 터였다."라고. 하지만 그의 겸손에도 불구하고 우리 시대 작가로서 지식에서나 사색의 깊이에서 누구보다 앞서 있었다고 말하고 싶다.

바람 앞에 서 있는 촛불은 그냥 켜 있는 것이 아닐 것이다. 촛불의 일렁임은 바람에 맞서 싸우는 삶의 처절한 투쟁이고 그 투쟁은 삶이 끝날 때까지 이어지지 않겠는가? 작가의 생각을 모두 받아들이기에는 다소 무리가 있겠지만 그는 작가로서, 그리고 이 시대를 책임진 지식인으로서 화두를 우리에게 던지고 있는 셈이다.

이 책을 통하여 느끼는 것은 우리의 삶은 나타나는 물리적 현상만 두고 오래 살았다든지, 잘살았다고 말할 수 없다는 것이다. 나이를 떠나서 자신이 얼마나 삶에 충실했느냐가 삶의 잣대가 되어야 한다. 작가가 우리에게 하고자 하는 말일 것이다.

책을 닫으면서 저자의 한마디가 마음에 울린다. '절망에 기대니 마음이 편하다.' 우리도 이렇게 늘 자신을 돌아보며 살아야 하는 것은 아닐까.